建设创新型社团

——运营研究应用指南

〔美〕萨拉·斯莱特　莎伦·莫斯　**编著**

高富锋　**译**

中国科学技术出版社

·北　京·

图书在版编目（CIP）数据

建设创新型社团：运营研究应用指南 /（美）萨拉·斯莱特,（美）莎伦·莫斯编著；高富锋译 . —北京：中国科学技术出版社，2020.3

书名原文：The Informed Association: A Practical Guide to Using Research for Results

ISBN 978-7-5046-8423-3

Ⅰ. ①建…　Ⅱ. ①萨…　②莎…　③高…　Ⅲ. ①社会团体—运营管理—指南

Ⅳ. ① C912.2-62

中国版本图书馆 CIP 数据核字（2019）第 245418 号

著作权登记号：01-2017-2255

　　本书中文版由美国社团管理者协会和社团领导力中心授权中国科学技术出版社独家出版，未经出版者许可不得以任何方式抄袭、复制或节录任何部分

策划编辑	单　亭
责任编辑	梁军霞　崔家岭
装帧设计	中文天地　袁心笛
责任校对	焦　宁
责任印制	马宇晨
其他参译人员	刘妮娜　胡世钦　田　园　李　想　钱　丽

出　　版	中国科学技术出版社
发　　行	中国科学技术出版社有限公司发行部
地　　址	北京市海淀区中关村南大街16号
邮　　编	100081
发行电话	010-62173865
传　　真	010-62179148
网　　址	http://www.cspbooks.com.cn

开　　本	787mm×1092mm　1/16
字　　数	160千字
印　　张	10.5
版　　次	2020年3月第1版
印　　次	2020年3月第1次印刷
印　　刷	北京华联印刷有限公司

书　　号	ISBN 978-7-5046-8423-3 / C·168
定　　价	39.00 元

（凡购买本社图书，如有缺页、倒页、脱页者，本社发行部负责调换）

序

几个世纪前，当科学与神学不分彼此之时，人们对于世界的认知源自他们所处的宗教组织、家庭和身边的朋友。大多数人认为这是理所当然的——难道这有什么可质疑的吗？探求真理的道路总是充满风险，有时甚至会有生命危险（让人联想到"火刑""肢解""大卸八块"等词）。然而，只有极少数勇者敢于去质疑当时所谓的"客观真理"，正是这些人的质疑最终使得我们的文明不断进步。在探求真理的过程中，他们不为外物所动，上穷碧落下黄泉，不达真理绝不罢休。最终，他们发现了我们居住的地球并不像那些人所说的那样——是"扁平的"。

在当今时代，凭借便捷的网络，我们能够（且被鼓励）在大量与多样的信息源中搜索到我们想要了解的某一特定主题的有关信息。诚然，生活在信息时代的挑战之一就是……多到让人崩溃的海量信息。预计到 2020 年，如果将全球的数字领域信息刻录在 DVD 光盘上，所有光盘摞在一起，其厚度可以达到地球到火星距离的一半。如果这种表述超出您的想象，我们也可以看这样一组数据：①沃尔玛公司每小时所获取的顾客交易信息，如果打印成文本，可以装满 5000 万个文件柜；②谷歌每分钟的信息查询量高达 200 万次。由此可见，全球的数字信息量是多么巨大。

为了帮助特定的目标会员提升他们的能力与价值，您的社团投入了大量的时间和资源去采集信息，然而，您却发现越来越多的会员不需要您的社团，因为他们自己就可以获取这些信息。于是，您开始担心这种趋势会使社团所提供的特定服务和福利贬值，且使社团的存在失去意义。面对这种情况，作为一名社团主管，您可能会有一种世界末日来临般的感觉而不知所措。问题是，您能直面这种不乐观的评论吗？您会认同会员和同事们在贸易展览会、董事会会议后或休息室里的闲聊吗？或者，您会去质疑这些猜测吗？事实上是，您和您的社团都做不到对此无动于衷、视而不见。

以上就是本书内容的特定价值所在。随着对本书的深入阅读，您会在字里行间发现那些帮助您甄别信息相关度、将好的研究成果成功运用和转化的方法。在信息化社会中，社团在为会员及利益相关者提供去芜存菁的信息、客观公正的分析和全面翔实的内容方面起着不可或缺的作用。你要认识到，帮助会员从海量的信息中筛选出最有价值的精华是社团管理者的责任，而不仅仅是研究者的职责。《建设创新型社团——运营研究应用指南》这本书将会帮助您关注复杂受众的需求，重视投资与资源，在竞争日益激烈的环境下将组织置于不败之地。

作为一名社团主管，您一定遇到过周围的人有意无意地做出错误的结论，或是强词夺理证明自己的观点的情况（一如您司空见惯的情景：不论在政界还是娱乐界，民意调查的结果被当成既定事实对待）。这个实用指导手册的目的是帮助您区分事实与假想。在本书中您会找到如何针对特定目的和对象设计研究目标与确定合适方法的基本原则。同时，您也会学到如何区分研究命题措辞的准确与否以及如何确定哪些分析是预测性和前瞻性的，而哪些分析描述只是关注眼前、针对当下。其中尤为关键的是，您将学会明确您所获取数据的局限性以及研究进程理论准则的重要性。在您与团队共同制定战略和执行决策时，本书所罗列的这些准则，将会为您的战略和决策的可靠性提供保障。毕竟，弄明白"你怎么知道你知道什么"与弄明白"你知道什么"同等重要。

任何研究都有其局限性，本书的研究也不例外，所以您应该知道本书并不能涵盖本领域的全部内容，更不是本领域的终极真理。通过学习本书内容，您将会领略把研究成果如何成功运用和转化为可操作性工具的基本原则，个中滋味难以言述（这远远比研究本身的价值更重要），要想体味，必须躬行。本书涉及的主题和内容都聚焦于绝大多数社团可操作与可执行的部分以及社团在发展历程中探索其未知领域的框架。

有一句谚语是这样说的：好的研究就像一个锈迹斑斑的路灯杆，它虽然能照明道路，却不能期望它持续太久。好的研究虽然不能代替优质的决策，但它能提高决策质量。具体在多大深度和广度上利用，作者在本书所提供的经验与见解以及如何对待这些有效信息，都完全取决于您。对于这些经验和见解的践行，能为您的社团引领新方向，甚至会产生意想不到的效果。

——马克·多尔西（Mark N. Dorsey）

美国社团管理者协会高级研究员，注册社团管理师

序作者简介

马克·多尔西，美国社团管理者协会高级研究员，注册社团管理师，美国专业滑雪教练协会（PSTA）和美国滑雪教练协会（AAST）的执行董事和首席执行官。多尔西先生于 1989 年作为美国专业滑雪教练协会和美国滑雪教练协会的市场总监初涉社团领域，之后成为美国专业滑雪教练协会和美国滑雪教练协会的首席运营官。马克作为企业和社团变革、创新战略领域的专家，尤其擅长企业和社团积极的、量化结果研究，管理方式变更、战略变革以及提高经营收益等领域的工作。

目　录

第一部分

简　介

第一章 绪 论

章节概要

专家就是那些懂得去伪存真、去芜存菁，进而做出正确的决定和判断的人。

——爱德华·德·波诺[1]

本章将为基于数据的决策提供实际意义的指导，引导我们进入这个令人着迷又望而却步的领域。我们将以实施调查和用数据验证决策是否科学的重要性为起点，进而阐释研究（即研究的目的、诠释、宣传和适用范围）对于社团管理的重要意义，接下来介绍一些社会组织参与研究的基本类型，最后就是后续章节内容的导入。闲文少叙，步入正题。

学习目标

学完本章，读者可以了解（识别、描述或者解释）：

- 基于数据决策的重要性；
- 如何阐述基于数据决策的商业案例；
- 社会组织运用研究数据做出相关决策的范例；
- 研究本手册所涉及的重要议题。

基于数据决策的导入

开始之前，请先花几分钟思考一下这几个问题——您一天要做多少个决策？肯定数不胜数——今天怎样打扮、中午吃什么、赴约要花费多少时间？接下来你会发现，就某种意义上来说，我们每天一直都在做决策：从纠结要不要上床睡觉，到是否要熬夜再多阅读一篇新一期《当代社团》的文章。

要想精确地定义一个人每天到底做多少个决策是十分困难的。在线搜索这个问题的答案，搜索的结果也是五花八门——有的答案是 5000 个，也有的答案是 35000 个[2]——这意味着从您清晨一睁眼，每两秒钟就要做一个决策。哇，这真是难以想象！不幸的是，这些答案大都不是通过"科学研究"得出的，因此我们与其去纠结每天的决策"到底有多少个"这个数据，还不如都认可一个基本共识，那就是我们每天做的决策"很多很多"！

我们怎样确保我们在做正确的决策呢？答案是，决策要运用确凿的信息和数据。表 1-1 是我们在上文提及的在做例行日常决策时可能用到的几种可靠信息。

显然，我们每天都在做诸如此类的决策，有些日常决策周而复始循环往复，有些决策则发生的频率低一些，相比之下，那些频率低的决策更具有重要意义——比如更换工作、购置房屋、结婚或决定给美国社团高管协会基金会捐助一大笔钱等。但所有的决策都有一个共同的特点，就是它们都会带来一定的后果——不论是大是小。

表 1-1 日常决策可能用到的几种可靠信息

决策项目	几种可靠的信息和数据示例
是否重回梦乡	• 有没有睡醒 • 做好准备出门所需的时间 • 当天第一个工作任务的时间和地点
如何着装	• 当天计划的活动 • 天气预报 • 整洁且不需要熨烫的衣物
午餐吃什么	• 冰箱或菜单上有什么 • 饮食结构（比如卡路里、含糖量等） • 过敏食物或食物偏好
赴约路程的时长	• 天气状况 • 时间 • 交通方式
今日日程排序	• 重要级别 • 涉及的截止时间 • 每项事情所需时间
草拟工作组成员	• 必要的专业知识 • 多样性和包容性；共同愿景 • 工作所需时限
在团队中增加一个全职员工	• 手头的工作量 • 需要的新技能 • 经济因素
读《当代社团》的另一篇文章	• 疲惫程度 • 文章主题 • 第二天早晨起床的时间

决策（decide）这个词来自拉丁语 decider[3]，意思是"去除"——去除犹豫不决然后下定决心。彼得·德鲁克[4]曾说："您所见到的事业成功，是源于有人做过的勇敢尝试的决定。"在我们所进行的关于社团会员和志愿

者的工作中，我们时时刻刻都在做决策（不论这些决策是冒险的，还是循规蹈矩的，或者介于二者之间的）。那我们如何确保它们是正确的决策呢？好的决策只能来自对可靠信息和数据的理性运用；当然，这本实用指导手册也会在如何做出正确的决策方面给我们提供指导。

基于数据决策的案例

在阅读一些专业人士做的重要决定，或他们如何做到全面且负责任地利用切实可靠的信息和数据以确保做出正确的决策之前，我们先来看一个基于数据决策的案例。

托马斯·里德曼和大卫·沃克[5]，在《哈佛商业评论》（HBR）的博客上撰文声称："基于数据决策的管理者、部门和组织一直占有绝对优势。运用数据是制定最优策略、发现全新市场和保持低成本运营等决策的不可或缺的手段。"

不过里德曼和沃克还指出，大多数的组织都认为他们"数据丰富而知识匮乏""能运用数据的人太少，不被信任的数据太多，且没有被有效利用的数据也太多"。

为解决以上问题，他们提出了五个至关重要的建议：

1. 改进数据（例如，确保数据准确、清晰且在整个社团中的定义一致）。

2. 构建"挖掘数据价值"的程序（例如，持之以恒地探究数据背后的事实、挖掘新的数据，并将它们与现有数据整合）。

3. 培训决策者（即帮助社会组织中的所有决策者了解在运用数据决策时，应该如何提出问题，以及如何利用数据做决策）。

4. 努力让所有的工作都"用数据说话"（例如，向人们展示数据如何使他们工作更有效）。

5. 鼓励试验。

美国麻省理工学院教授埃里克·布林约尔松[6]的研究结果进一步佐证了基于数据决策的商业案例。布林约尔松花了好几年时间研究商业分析的价值，并搜集了大量的数据。数据

> 数据是帮助明确哪些是值得关注、哪些应被忽视的典型工具。

显示，运用基于数据决策的企业要比那些没有使用的企业运营得好。他的研究结果表明，基于数据决策的组织，在相当数量的测量指标方面，普遍比未采用数据决策的同行高出 4% ～ 6%。根据布林约尔松的研究，创新型社会组织正在创建更依靠数据而非经验或个人意见的新型企业文化。他认为所有的商界领袖都应该清醒地意识到逻辑分析方法的作用与局限性——而且，所有的分析人员都应该能够而且必须为企业提供各种类型的建议。

吉姆·吉尔斯[7]（Jim Giles）在与经济学人智库的谈话中提出了共同承担责任的观点，他主张人们应该将数据整合集成到他们的日常工作中，而不是集中在某一个人或某个部门的手中。吉尔斯认为，成功的组织"能够包容对组织既定决策的质疑……只要这些质疑是建立在数据及其分析的基础之上"。吉尔斯还敦促社会组织注重"培养员工的数据素养"，以实现"数据大众化"。

正如创造性思维领域的领导者、"六顶思考帽"*技术和直接关注思维工具的提出者——爱德华·德·博诺[8]所说，"专家就是那些懂得去伪存真、去芜存菁，进而做出正确的决定和判断的人。"数据就是去伪存真、去芜存菁过程中决定取舍的关键工具。

基于数据的社团决策

本书探讨了社团专业人士可以有效和负责任地评估质量"好的"和有效的数据，以及我们如何运用数据来指导和形成决策的最基本和最重要的方

---

* "六顶思考帽"是指使用六种不同颜色的帽子代表六种不同的思维模式，是英国学者爱德华·德·博诺博士开发的一种思维训练模式，或者说是一个全面思考问题的模型。它提供了"平行思维"的工具，避免将时间浪费在互相争执上。——译者注

法。为了我们能更好地形成数据决策思维，下面我们分析几个社团领域的典型案例。

标杆管理

不论是你们社团会员的构成比例，还是考虑购买或使用你们的产品或服务的联盟会员比例，你们的经营预算有多少用于管理（或宣传、社交媒体、专业化发展）项目，你们的薪酬结构的竞争力，或是任何其他操作性的问题，若不仅仅是只考虑某一方面的数据，而是将这些数据放到更大的背景下思考，对于社团的发展将很有裨益。

美国社团管理者协会基金会的开创性"决定……"（参加、志愿、给予、学习）系列项目是标杆管理研究的一个典范示例。其中行业研究关于参与活动、志愿服务和提供捐赠等行为的影响因素方面的数据挖掘，提供了数据分析的范例——这些数据反过来又能帮助社团识别哪些决策是可行的。每一个参与美国社团管理者协会的特定"决定……"项目的社团，都收到了一份量身定做的对比分析报告——分析他们社团相对于行业基准数据而具有的特色。在进行标杆基准检测研究时，知识渊博的消费者能很好地理解诸如"哪些人是合适的对照组，如何处理异常值以及这些结论在多大程度上具有相关性"等因素。

节约成本

为了做出成本效率决策，我们都在某种程度上运用过电子表格，把成本相关的数据录入电子表格。将数据录入电子表格不仅仅是数据的罗列，而是进行更进一步的数据分析，这些数据分析可以让我们获取关于成本的更深层、更复杂的认识。

例如，运用预测模型可以让您确定社团中哪些会员最有可能参加某个工作坊、为您的政治行动委员会（PAC）捐款或最有可能不再续交会员费。通过研究与"谁过去做过这些事"相关的因素，您就能更好地预测未来谁更有可能做同样的事。分析相关因素，是为了发现它们是否与其他事情有关联，这些事情涵盖了：活动的地理距离、兴趣社团的会员、与社团合作的年数——如果您有他们的生日资料，您甚至也可以将他们的星座资料纳入分析范畴！一旦发现了相关性或预测变量是什么，您就找到了接近目标群体的最佳途径。

再如，使用预测模型来有针对性地推广美国语言听力协会（ASHA）的学校年会极大地降低了我们的营销成本。虽然我们会通过线上交流和社交媒体来继续全面推广这个活动，但是得益于预测模型的运用，我们更有针对性地给 166000 多名会员和联盟会员邮寄了纸质版的宣传材料。

强化专业或行业知识体系

很多社团都出台了最佳业务报告、指南或行业标准，甚至在某一职业或行业背景下的标准界定。这些信息资源可能是通过系统评价出版研究结果而提炼出的证据充分的报告，其中的研究结果也可能来自在标准化考试中计算及格分数的扣分项分析系统，也可能是对某个职业从业者所需技能和具体知识及能力的实践分析报告。

在某些领域，这些报告、指南和行业标准被当作招聘、赔偿决议、资质要求、建筑和安全守则等的依据，所以确保提供信息的精确性、可靠性、安全性、可调性是我们的社会责任和法定义务。只有明白这些数据的意义，才能理解这些信息资源责任发布的重要性，并且适当地采集和整合数据以及恰如其分地在这些报告、指南和行业标准中应用这些信息。

创收

采取研究路径的前提就是进行需求分析。例如，您对专业发展的需求、社团会员和相关公司的需求和偏好有什么了解？在设计相关主题和为会员提供技能要求方面能否做到与时俱进？关于交流形式——参与者是偏好于面对面的现场会议，或者在线内容，还是虚拟活动、自学等形式？当然，所有人需求或偏好不可能完全一致，所以您可能需要和一些交叉表和／或预测模型打交道：谁最有可能对哪个产品感兴趣，这些判断也许是基于他们在现场的时间长短、本领域的从业年限或工作背景；或谁偏好于线上沟通、面对面交流和自学等形式。研究可以帮助您剔除和甄选数据，以更好地了解并计划如何标注目标人群的那些相似、相异之处，而不是采取苦思冥想"我们采取何种形式他们才会参加"的方法来预测他们接下来的可能行为。

驱动策略

在《爱丽丝梦游仙境》中，柴郡猫对爱丽丝的忠告家喻户晓：如果你面对问题不知所措，不要苦恼也不要烦恼，因为条条大路通罗马。作为社团主管，却不能如此，基于我们肩负的使命任务，我们有责任和义务为我们的会员、他们所处的专业和行业以及大众指明前进的方向。

要想明确具体应该选择哪条路，就需要先知道我们的起点在哪儿。环境监测是明确起点方面的有效方法之一，它会监测内外部环境的运行趋势、具体事务，对某些专业、行业或协会本身产生影响（或具有潜在影响）的因素。宏观环境分析是此类分析模型之一，它通过以下几个方面来分析环境的影响因素：

● **政治因素**——政府通过法律法规、政策、税收等干预的方式和干预的程度，以及政府对健康、教育和国家基础设施的影响。

● **经济因素**——经济因素的影响，例如经济增长、利率、汇率、通货膨胀率等。

● **社会文化因素**——人口的影响，例如人口增长率和民族多样性、年龄结构、职业态度、对健康和安全的看法等。

● **技术因素**——基本的基础设施水平，技术变革的速率，研发支出，技术研发的动力激励，通信基础设施，接触最新技术的渠道，互联网基础设备和普及率等。

● **环境因素**——以下问题可能导致的后果是什么：天气和气候变化；空气和水污染；回收和废弃物治理；人们对"绿色"或有机产品、可再生能源甚至濒危物种有什么看法？

● **法律因素**——与歧视、消费者、反垄断、就业、健康和安全等有关的法律的影响，以及他们如何影响您的专业或行业的运作，成本及人们对相关产品和服务的需求。

虽然每个因素对每个社团不大可能都同等重要，但研究每个元因素对于全面了解什么影响着您的专业、行业和协会是有帮助的。

许多社团用趋势预测来规划他们未来的蓝图——即他们在未来 5 年、10 年或 20 年内想要达到什么样的目标——根据目标选择那些认为最有可能到达这些目标的路径。例如，过去 6 年来，针对战略规划和执行，美国语言听力协会使用了科莱斯平衡记分卡方式来进行战略规划和战略执行。美国语言听力协会以明确影响听力学与语言病理学专业的发展趋势以及它们会如何影响协会实现未来目标为出发点，确定了协会的战略目标。协会的战略目标跟以下 4 个方面相关联：协会的筹备或组织能力和基础设施；内部流程；财务；会员及会员需求。在此基础上衍生的"战略路径"（见图 1-1）至少每 3 年更新一次。目前在美国语言听力协会战略路径中有 13 个战略目标——其中包括一个或多个战略举措（项目），旨在推动协会朝着既定目标的方向前进。每个战略目标都有相应的绩效指标与之匹配。13 个绩效指标会被录入一个由协会的管理团队更新和分析的表格，并且至少一年向董事会汇报一次。

如图 1-1 所示，美国语言听力协会当前战略目标中的两个，直接与研究的应用相关。一个是（在会员愿景中）"增加研究的可行性和实用性"，该战略目标使得美国语言听力协会会员将更多的研究和综合科学证据纳入临床实践——这与本书旨在帮助协会社团专家阅读接近、使用、整合日常研究结果的目的不谋而合。

其他与研究相关的战略目标（在内部过程的视角来看）是为了"改进数据采集和决策制定"而设定的——伴随而来的产出是制定由美国听力语言协会会员团队和志愿领袖们基于事实的决策模式。协会在这方面的一些努力包括数据库的开发（这个正在进行），并为主要负责以下事务的员工加上了信息分析师的头衔：数据驱动决策下的最优资源开发和维护实践；提供咨询、指导；对培训团队和员工个人使用数据驱动的方法制定决策培训；开发和维

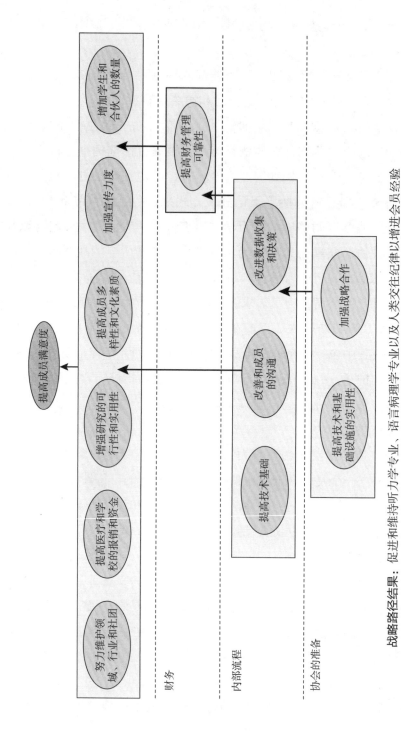

图1-1 美国语言听力协会战略路径（2012—2014年）

战略路径结果：促进和维持听力学专业、语言病理学专业以及人类交往在纪律以增进会员经验

护支持一个可以帮助美国语言听力协会其他员工和志愿者进行数据驱动决策的"高权限用户"的局域网。

运用研究的实用指南——便捷的手边资源

正如您所看到的，作为社团专业人员，决策和有机会用数据做出好的决策是我们日常工作中不可或缺的一部分。本书是经专门设计的，并由社团专业人员开发，使我们变得更博学，成为更明智的消费者、主管、用户——当然，还有数据决策的赢家的核心助力。本书前面几章会解释和告诉我们关于基于数据决策的价值，进而揭开研究的神秘面纱，并回顾相关的变化问题，例如负责任的研究与合作。下面是对后面几章的内容加以概述。

本书接下来的三章内容是社团研究的关键要素，它对数据的重要价值和与现实紧密相关的各种研究的概览做好准备是社团主管义不容辞的责任。

第二章（好数据造就好决策）深入探讨好数据造就好决策的作用，运用具体案例分析说明在社团关键管理领域去收集和使用数据做决策的价值。例如会员、培训、营销策略和运营效率（也被称作去除墨守成规）——这是每个组织成功的根本路径。这将会帮助社团确定整合数据的战略并将其运用于决策的方法以及更好地理解如何运用有效数据以增强完成组织目标的能力。运用数据来影响正式和非正式沟通战略中的决策者，如公共政策制定者、顾客、雇主或董事会成员。

第三章（明确社团需要进行的研究）列举了最常见的社团管理研究项目类型。我们会涉及客户研究的原因、内容以及方式（例如哪些人参与了哪些项目或使用了哪些服务），产品研究（例如谁购买了哪些产品）和行业研究（劳动力需求、薪金趋势、喜好等）。我们会确定研究的范围和程度——对于这些方面来说，并不是数据或分析越多越好，因为过犹不及。一般情况下这三种类型的问题都会包含在大多数社团的研究项目中：一是推荐问题（例如"您推荐朋友加入的可能性有多大？"）；二是行为问题（例如"您续费的可能性"）；三是满意度和重要性问题（例如"您从组织中的获益程度"）。此外，它帮助我们拓展对大多数社团所拥有的却不能物尽其用的宝贵数据的了解和认知，从内部视角（例如，会员信息、销售、网络分析）和外部视角（例如，美国劳工统计局、联合国教科文组织统计研究所）来整合和分析这些数据资源。

第四章（由谁来开展研究）讲述的是，当我们有研究需要时应该由谁来开展研究，内容涉及某种资格、知识和个人技能——无论是内部员工还是外部供应商——社团的管理研究离不开这些人。我们会探讨当我们聘用人才和解雇人才时，每种方式的利和弊。当需要聘请外部顾问或调查员来与他们一起参与特定研究项目时（例如会员需求评估或品牌研究），我们还将考虑使用混合方法。记得要查看雇用和合作的外部研究供应商的清单——这是非常实用的方法！

在本书的第三部分"社团研究的基础"，我们继续探讨社团专业人员有益的基本研究原则。

第五章（如何进行研究）着重关注解决关键性问题，例如社团如何制定研究议程和执行研究计划的发展，如何调整自己适应相关数据导向问题，如：要更新哪项会员指标比较恰当？间隔多久进行一次会员满意度调查比较合适？以及为了明确会员的影响因素我们需要了解什么？我们也会探讨怎样将一个问题变成一个可解决的研究计划或一个研究假设，研究如何与组织的战略计划（例如，识别并检测绩效考核）、首席执行官或执行董事的年度目标（例如，如何使其目标可衡量）以及社团预算（如预算的趋势分析）等方面相关联。我们也对如何负责任地制定支持研究目标的相关举措进行了讨论，如出版、做报告、开展宣传研究。当然，我们也会探讨研究项目的关键部分（即科学方法的五个主要步骤）和研讨社团研究活动的典型案例，如：

1.新产品、新服务的市场研究或需求评估；

2.满意度或客户服务调查；

3.员工、实践或职业调查；

4. 行业基准调查；

5. 临床研究。

第六章（调查方法和数据收集）探讨研究方法和数据收集的基本原则。定性研究与定量研究之间的差异是什么？什么时候该用哪种研究方法？数据收集的不同方法是什么？有效性和可靠性、样本容量、回应率的概念都是什么？为了有效地使用数据，这些概念和术语对我们来说意义都非常重大。

数据分析与解读这一关键内容将在**第七章（数据分析与解读）**中介绍。这部分内容包括研究人员如何建立和呈现切实可信的数据分析，以及如何避免一些常见的误区和错误。本章首先讨论了如何制定数据分析计划来指导周密和系统的数据分析的方法，接下来阐明了有效的数据管理工具：如何使用简易统计来凝练通俗易懂的数据分析；如何使用频率分布图和误差幅度统计来确认统计结果是否具有前瞻性、精确性和可靠性；如何实现数据效用最大化以及在哪里找到研究人员用来分析和呈现数据的资源和工具。本章通过总结实践经验，帮助我们克服可能会影响数据分析的"固有偏见"，避开数据解读的常见陷阱和错误，呈现切实可信的数据分析。

掌握了研究的原因、内容、对象和方法之后，**第八章（数据发布与运用）**中作者对这个广泛——有时甚至是全球性的数据传播渠道进行了深入的研究。例如执行摘要和摘要的区别是什么？如何高效地与董事会成员分享研究结果？数据什么时候应通过网络研讨会、新闻稿或政策声明等途径来传播数据等问题。

在本书的**第九章（负责任的研究行为）**中，作者对全书的内容进行了总结。本书的最后一部分就如何在社团内应用研究道德的既定原则和进行的负责任的研究工作提供了一个全面的概述，并告诉读者在领悟社团管理研究的价值同时，践行如何提升研究道德和研究的责任性。回顾其中一些有助于建立并维持研究道德的环境的指导方针，为理解研究方法、分析、传播奠定基础。最后，本书的这几部分充分体现了科学研究结果和社团管理实践是相辅相成和相得益彰的。

本章小结

　　一切如您所见，本书包含了很多内容——所以需要用一两句话来总结如何最好地使用本书。通过阅读本书，您将会获得一些新知识和切实有用的见解。然而，它最大的作用在于它是您"触手可及"的资源。我希望您能将它放在案头，并经常翻阅，以便为您基于数据的决策提供符合实际的参考和持续性的指导。套用爱德华·德·博诺的话来说就是：作者希望这本书能帮助读者更好地理解如何成为一位善于运用数据进行决策的专家能手以及该关注什么、该忽略什么。

　　现在，让我们开启本书的学习之旅吧！

自我省察的五个问题：

　　1.为什么基于数据的决策很重要？

　　2.作为社团专业人士，在我的工作中我负责做出何种决定？

　　3.研究数据可以在哪些方面帮助我的专业决策？

　　4.我们的社团可以在哪些方面使用预测模型？

　　5.如何利用数据更好地推进我们的战略？

本章作者

　　艾琳娜·皮特兰顿博士，美国社团管理者协会高级研究员，注册社团管理师。美国语言听力协会首席执行官，1994 年入职社团领域，现为美国乔治·华盛顿大学医疗中心语言病理学家和医院行政主管，曾任美国社团管理者协会董事会主席（2013—2014 年）。

参考文献

［1］"Edward deBono." The deBono Group, LLC website, 2013. http://www. debonogroup.com/edward_debono.php.

［2］Reitmeier, J. "How Many Decisions Do You Make Each Day?" *Personal Views From John Reitmeier* (blog), April 14, 2006. http://reitmeier.blogspot. com/2006/04/how-many-decisions-do-you-make-each.html.

［3］*Online Etymology Dictionary*, s.v. "decide," accessed April 14, 2013. http:// www.etymonline.com/index.php?term=decide.

［4］"Peter F. Drucker quotes." Goodreads website, 2013. http://www.goodreads. con/author/quotes/12008.Peter_F_Drucker.

［5］Redman, T.C., & Walker, D. "Make Data Work Throughout Your Organization," *Harvard Business Review* (blog), January 25, 2012. http://blogs.hbr.org/ cs/201201/make_data_work_throughout_your_organization.html.

［6］Dorrington, P. "Strength in Numbers: Data-Driven Decision Makings." SAS Institute website, May 9, 2012. http://www.sas.com/knowledge-exchange/ business-analytics/building-an-analytical-culture/strenght-in-numbers-data-driven-decision-making/index.html.

［7］Olavsrud, T. "Data-driven Companies Outperform Competitions Financially." CIO website, March 19, 2013. http://www.cio.com/article/ print/730457.

［8］"Edward deBono." The deBono Group, LLC website, 2013. http://www. debonogroup.com/edward_debono.php.

第二章　好数据造就好决策

章节概要

是不是火箭专家随手在餐巾纸上记下几个计算数据之后，就开始准备发射火箭了呢？是不是神经外科医生接诊之后，就很有信心地直接打开患者的颅骨寻找病灶呢？我们都希望现实不是这个样子的！事实上这两个行业的从业者的确不是这个样子的，他们都需要运用大量的数据和所获得的经验作为某些至关重要决定的判断依据。虽然我们社团主管的工作不像这两个行业的从业者一样需要做出一些生死攸关的决策，但是能否运用数据来指导我们的工作，通常会在很大程度上决定着我们目标的实现。

本书的第一部分采用了五个不同领域的社团管理实操案例，指导我们如何使用本书，以说明在做出与会员、教育培训、市场以及运营等方面相关的决策时，收集和使用数据的重要性。虽然某些数据并非完美无瑕，但这些案例告诉我们众多社团组织和管理者是怎样运用数据去提高组织运作效率并尽力达成他们的使命目标，这些案例涉及会员招募和保持、增加活动参与度、评估组织目标与核心价值。

本章涉及的案例由三个不同的社团提供：美国昆虫学会，拥有 6500 位国际科学界会员的组织；北卡罗来纳州社团管理者协会，拥有 700 个州会员的组织；国家拍卖协会，拥有 3900 位会员的全国性组织。

学习目标

学完这章，读者应该能够懂得：

- 在制定决策的过程中使用数据的重要性；
- 使用数据得到的结果如何完美地与组织目标相结合；
- 给最终决策者提供数据的必要性。

将数据整合到决策中

由于大多数的社团主管往往不具备数据分析专业背景，所以他们在其决策中很少使用数据做决策。下面两个案例表明，这两个社团已经发现了运用参与项目的会员数量这一数据做出决策的方法，这些数据是其系统中已有的，收集起来也非常容易。

案例研究 1 **分析数据以寻求研究的焦点**

——戴维·甘默尔，注册社团管理师

美国昆虫学会（ESA）是专业的研究昆虫和相关节肢动物——换句话说就是研究虫子的专业科学社团；虽然提到昆虫学者，最初涌入脑海的刻板印象是一个戴着丛林帽的人拿着蝴蝶网在树林里奔跑，实际上昆虫学家是从事有助于维持世界生态平衡，保护人类和动物健康，并对基础生物研究做出重大贡献的一群人。

近来我们进行了一些研究，尝试从会员的利益出发，尽可能地用一些他们常用的研究技术以便更好地理解他们自身的行为，进而确定之后我们该如何影响他们。尤其要说明的是，在本项研究中，没有任何一位昆虫学者的利益受损。

年会出席率

在撰写本文时，我已经进入美国昆虫学会工作了两年多。当我刚刚入职美国昆虫学会，并逐渐了解这个组织的时候，我发现似乎很大比例的年会参与人员都会以某种方式来展示自己的研究成果。简易统计数据显示，最近一次年会上，超过80%的会议参加者要么做了口头演讲，要么做了海报展示。当进一步深入分析之后我发现，从非正式的反馈中（例如，我给很多人打了电话）我了解到许多科学家只有在需要做展示时才会参加美国昆虫学会年会。他们之所以来参加年会，大多数情况是因为他们只有在科学会议上展示、分享他们的研究成果，才能得到注册和差旅费的资金支持。

这些统计数字和非正式的反馈意见表明，关于是否参加会议，经济因素起着主要的作用：本次研究能否在科学家的履历上增添浓墨重彩的一笔？履历通常是决定科学家求职和晋升是否成功的重要依据，也是他们在某个领域中声誉的基础，这也是衡量美国昆虫学会业绩的重要指标。

我们根据会议显示的数据情况做了两件事情：①把会议发表者和注册参加者相对照，并进行了更缜密的统计分析；②重新考察了年会的营销流程。

营销流程

我们年会的会前营销大体上有两个阶段：会议展示诉求和会员市场推广。在会议组织期间这两个阶段的任务都会被大肆宣传。基于此，我们应该把更多的精力放在会员推广上，而实际上，我们只面向很少的人做会员推广，因为只有那些愿意参加会议并且在会议上进行展示的科学家才成为我们会员推广的目标对象。如果没有发言机会，其实他们是不太可能参加这种会议的。

所以现在我们改变了我们的营销流程，我们为愿意在年会进行会议展示的科学家准备了更多的资源，并且在会议宣传阶段广而告之。这个改变使得我们将2012年的年会组织得非常成功，会议在田纳西州诺克斯维尔市召开，会议宣传期间我们共收到了100个专题研讨会的申请，这个数据比我们以前的最高纪录整整多了30个。

数据分析

我安排了一位有很好的定量分析能力背景的工作人员来分析我们会议的历史数据，比较注册研讨会和会议展示的数量和注册量之间的关系。通过分析近10年的记录，分析人员发现申请研讨会的数量和最终注册人数之间的相关性略微高于0.6。虽然这二者的关联性不是特别明显，但也表明二者还是有一定联系的。

基于这个发现，我们设计了一个根据提交的研讨会数量来预测出席会议人数的公式。如果有100个研讨会，根据公式预测将有超过3900位科学家参加会议。在2012年，实际参与人数不到3000人，这是我们学会有史以来的第三大会议。

发生偏差的原因

后期我们发现，仅仅使用这一个相关性来推测参会人数的预测公式的误差比较大，因为我们的初始计算没有考虑到许多参加者两次或更多次的出席，同时海报展示也没有纳入计算中。显然，对于这个公式，我们还有进一步的改进余地。这么一个计算公式，它对员工和志愿者领袖来说，是一个很好的学习经验，它能帮助我们更好地了解参会者参加会议的真正动机是什么。

我们应该对公式做进一步调整，进而构建一个模型，以便我们能够在会议议题征求阶段结束后，更为精确地预测参会人数。

地理位置因素分析

我们经常可以看到，科学家为了参加一个科学会议，不惜长途驱车前往。如果你发现有科学家从得克萨斯州的偏远地区驱车 12 小时到新墨西哥州参加会议，没什么值得大惊小怪的。科学家开车带着一群研究生去外地参加学术活动可谓一举两得，一方面在学术会议上他们给学生提供了一次"露脸"的机会；另一方面也可以有效地节约学生的旅行预算。

基于此，我们根据会员所在区域制作了会员分布地图，以统计有多少会员在我们会议预选地址或是会议备选地址的特定车程半径之内。我们用地理信息系统软件（Maptitude）制作了最大半径为车程 6 小时的分布图，结果显示，半径范围内没有一位昆虫学家！有 1000 多名会员分布在车程 6 个小时的区域，更多的会员则是分布在这个车程半径的范围之外。

我们曾经使用过类似的会员分布地图来确定未来会议的选址。结果我们发现车程并不是影响会员是否来某个城市参加科学会议的重要因素。这些会员分布地图可以让我们很容易地了解一个城市吸引会员驾车参加会议的程度。

软实力

总的来说，我们应该努力提升我们的会议在科学领域的权威性。我们希望它能成为最具权威性的昆虫学科学成果展示的最佳场所，同时它也是最具代表性的同行交流场所。如果没有确立我们会议的权威性和代表性，那么作为我们会议发展的标志——会议报告的提交量就不会增加。

案例研究 2 　精兵简政以谋生存求发展

——汉斯·康贝斯特，注册社团管理师

2008 年，全国拍卖协会（NAA）——一个有 5000 多名会员的个体会员组织，出现了会员大量流失的现象，导致这个协会当年的财务出现了严重危机：协会不仅花光了运营储备金，他们还有盖协会大楼所欠下的 60 万美元债务，一时间，全国拍卖协会距离破产只有一步之遥。

截至本文撰写时（2013 年），全国拍卖协会现有会员数量不超过 4000 名，虽然比以前减少了很多，但是协会已摆脱了债务危机，其账户里也有几十万美元的运营储备金。那么，在不到 5 年的时间里，协会是如何起死回生，实现财务状况惊天大逆转的呢？

古语云：宝剑锋从磨砺出，梅花香自苦寒来。全国拍卖协会面临的惨痛现实，让协会认识到了必须采取重点投入战略，将组织的有限资源集中到能有效增加会员福利的项目上来，而不是跟以前一样"撒芝麻盐"。

对于大多数人来说，增加项目比减少项目要更容易

全国拍卖协会董事会知道，为了会员的福祉，在过去的几年中，他们增加了一些服务和项目，却几乎没有项目被淘汰。不断增加的服务和项目使得协会工作人员迅速增加，短短几年协会员工的数量增加了一倍。与此同时，新增加员工的酬劳以及新增加的服务和项目将协会的财务储备消耗殆尽，而协会却没有搜集相关统计数据：到底有多少会员参与这些服务或项目——不论是新的还是旧的。

2008 年 6 月开始，董事会开始了长达数月的 SWOT 分析过程［识别优势（S）、劣势（W）、机会（O）和威胁（T）］，以分析和识别全国拍卖协会给每个会员提供的福利。讨论的一个核心问题就是主要事实——到底有多少会员使用某一服务？

有效运用已有数据

会员对服务或项目计划的参与量情况可以被当作淘汰项目的重要依据之一。如果某个项目参与度低或几乎没有会员参与，那么不论这个项目有多符合协会的既定或未来宗旨，它也应该被淘汰；如果某一项目虽然参与程度不是很高，但它满足了某些特定会员的需求，就需要进一步斟酌以确定这一项目是继续实施还是被淘汰。

通过淘汰一些参与度较低的项目，董事会和首席执行官能够重点关注参与人数多的项目，并在其发展上投入更多的精力和资源。部分董事会成员认

为保留这些参与度低或几乎没有参与度的项目是"没什么影响的"，而且在我们的服务手册上有这些项目，至少看起来我们在为会员提供大量的福利。但是在了解直接和间接成本的财务主管的帮助下，我们与这部分董事会成员进一步沟通，让他们从不同的角度和方向考虑问题，进而使他们知道：任何提供给会员的"东西"都是需要一定成本的。

6个月后，几个项目被完全淘汰，部分项目只保留了核心服务，其他项目则继续保留。由此带来的结果就是，有7个员工岗位被裁撤，大多数职位的员工在协会内部进行重组，只有两位员工被裁员。这些措施完成之后，董事会发现，协会的财务状况已经趋于稳定，甚至还有一些财政盈余。

可持续性的实践

于是董事会计划在未来两年内，继续根据会员参与程度和其需求，决定裁撤或增加服务与项目。在这个过程中，协会出台了一些政策和制度：所有计划每两年进行一次审查。审查已成为全国拍卖协会预算编制过程的一部分。任何一个新增加的项目，必须与会员的专业活动和会员利益相关。我们持续跟踪项目的会员参与和会员使用程度，并每年向董事会汇报，同时我们也会向董事会提供开展这一项目所需的成本。因为项目评估也是其预算过程的一部分，它再一次证明了"任何项目都有成本"这一说法。

运用项目会员参与率来决定保留或淘汰项目，会使得决策可以有效地摒弃个人影响因素，变得更加客观、公正和容易。全国拍卖协会目前提供的项目都是会员参与率很高的项目，如果某个项目的会员参与率不高的话，它会在下一个预算周期内被淘汰。这样操作所带来的一个额外好处就是：这会激励员工保持创新精神——我们可以尝试各种各样的项目，如果我们的项目不起作用怎么办呢？答案是这个项目将被调整、修改或被淘汰。是否维持没什么作用的项目不再是困扰全国拍卖协会的一个问题。

案例研究 3　会员数量的多寡并非取决于协会的名称

——吉姆·汤普森，美国医学研究院（IOM），注册社团管理师

作为一名打高尔夫球的新手，我脑海中经常浮现自己一次又一次地击球正确的场景。这样的场景的确很吸引人，也会让人感到自豪和骄傲。然而事实跟想象相距甚远，我在一遍又一遍地重复同样的错误动作……对于高尔夫球手来说，最坏的噩梦就是在高尔夫球课上，犯无数次不重样的错误。如果您达到了这个境地，那么接下来就应该考虑换一种运动，例如您可以考虑改打网球什么的。

这恰恰是我成为北卡罗来纳州社团管理者协会的执行董事时所面临的困境。

当时我面临困境的基本情况是这样的，北卡罗来纳州社团管理者协会是一个设立在北卡罗来纳州并代表社团职业员工的协会。在我加入该协会之前，该协会的会员不到500人，其中协会管理会员220个，附属会员260个。协会的会员数量基本没有增长，并且已经持续了很长一段时间，这就使得北卡罗来纳州社团管理者协会站在了接下来如何发展的十字路口。

当我成为该协会执行董事时，我是自协会成为社团管理公司以来的第三个行政高管。第一任高管在协会工作了8年，第二任在协会工作了差不多两年。

正如部分协会员工所说，在我之前的主管们已经建好了一艘船，现在轮到我接手，让船保持前进并驶向正确的方向。

当时协会也刚刚完成了一个大规模的组织调查。大量调查问卷被邮寄到现会员、原会员和部分非会员手中。调查的目的是想了解为什么我们的会员业务很不景气，我们想调查清楚我们的优劣势以决定我们未来的发展计划。

那么，我们所得到的调查结果是什么呢？调查结果非常惊人（的确也是客观存在的）：我们在一次次地重复同样的错误。

我们协会存在的问题较为简单：为了提升协会的专业性，我们的协会使命强调我们为会员的专业发展提供帮助。然而调查结果明确显示，我们的使

命希望我们完成的事，恰恰是我们做得最糟糕的事，这就是我说的"处在十字路口"的意思。根据调查统计数据表明，我们接下来要么裁撤教育培训类项目，因为我们显然做得不够好；要么致力于改善和提高我们的教育培训类项目，真正为会员的专业发展提供帮助。

在正式入职北卡罗来纳州社团管理者协会之前，我有幸参加了协会的高层管理人员研讨会议。正是在这次会议上，协会公布了最新的调查数据，并准备以此为依据制定 2005—2006 年的战略规划。

在会议期间，我记得有几位董事会成员坚持强调，我们的会员业务之所以这么不景气，会员数量长时间没有增长，可能就是因为我们的名字不够响亮，我们需要更改协会的名字。也许这样我们就能成为北卡罗来纳州的专业社团，会员会因为我们富有内涵的名字而涌向我们的组织，幸运的是，我们董事会的成员之一强调，改名并不意味着可以忽视调查数据反映的问题。即使我们成功改名，我们仍然面临没有会员注重我们的教育培训项目的问题。如果我们能成为一个为会员的专业发展提供帮助的协会，那么在教育培训领域，我们不就成了会员的最佳选择了吗？

然而数据反映的事实是，对于协会来说，为会员提供专业化发展并不是一个真正优先级的事项。在我就职一周之后，我找机会和协会的专业发展委员会开了一个小型会议。作为执行董事，我扮演着员工和协会委员会之间联络员的角色。专业委员会的既定议程显示，协会的论坛将在每年 10 月份召开，但是其议程上却没有论坛召开的具体日期，我本以为我们在会议上同时也会为明年的论坛做好规划，然而我发现他们根本没有这个意向，这让我很快就垂头丧气了。我发现，对于我们计划在 5 周后举行的论坛，我们没有论坛发言人，也没有论坛主题，我们甚至连一份与会登记表都没邮寄出去，我们仅有一个会议地点和一个会议赞助商。

由此可见，我们协会对会员的专业化发展是有多么不重视。我们想方设法使协会的教育项目勉强进行到第三季度。在第三季度之初，协会的专业发展委员会召开会议，制定并通过了两项发展政策。第一项发展政策明确，为了将我们协会的现有项目推广给会员和潜在会员，他们就应该在会议上列出未来一年的计划日程；第二项发展政策指出，为了突显我们教育项目的质量和主题，我们接下来要开展的所有专业发展项目，必须属于注册社团管理师领域。

然而截至今天，如果您问协会会员，他们之所以申请成为该协会会员，是因为他们认为协会的哪些项目最有价值？大多数会员都会告诉您，是协会的专业化发展。

创新是成功的前提

随着协会的专业发展部分逐步步入正轨，我们就有时间和精力来处理协会的另一个问题——会员发展。当我们关注协会的组织排名时，没有数据显示协会开始走下坡路了。虽然排名表明会员发展还不是一个迫在眉睫的问题，可是如果我们不从现在开始在北卡罗来纳州的组织中更广泛地招纳新会员，我们就会面对因没有新会员加入，自然减员会给协会发展带来的压力和不利的影响。

据我们最近的调查结果显示，加入北卡罗来纳州社团管理者协会的社团，其高管人数平均在 6 名。在北卡罗来纳州，该协会的会员中有很大比例的社团符合这一条件；然而，却很少有社团有两名及以上的高管加入我们协会。北卡罗来纳州社团管理者如何才能吸引现有会员社团的更多的高管加入我们协会呢？

该协会当时的会员结构很初级，会员为其会员优惠之外的服务缴纳的额外服务费平均不到 50 美元。这显然使得协会缺乏动力去发展新会员。

我做了一些研究，以了解其他社团通过什么途径来增加会员数量。随着研究的进一步深入，我发现我们的一个同行最近开始发展团体会员，在发展团体会员的第一年年末，该社团增加了 100 个社团管理成员。受此启发，我认为该社团的做法为我们协会的会员发展提供了可学习的成功案例。

对于首席执行董事来说，我认为他所承担的关键角色之一就是——成为协会的首席创新人员，所以我和董事会主席汇报了这个想法。董事会主席直接把我的这个想法纳入日程，提交给了会员委员会讨论。会员委员会要求协会的全体员工组织了为"协会的团体会员应该是什么样子"建言献策，并将结果反馈给委员会。于是，协会的全体员工一整个下午群策群力，从宏观到微观，从各个角度为发展团体会员提建议。以下是大家的建议汇总。

团体会员应该如下所示：

级别一：2～4　　　　级别二：5～6

级别三：7～10　　　级别四：11～14

级别五：15～20　　　级别六：21～30

当时，初次入会的会员会费约为250美元，后续的会员会费在225美元左右。至于团体会员会费，协会员工提出的建议就是，将第六级别的团体会员会费降低到99美元。

会员委员会对这些建议感到兴奋异常，因为这些措施会成功地让我们协会的会员数量实现增长。我们清楚地知道协会在会员发展方面将会有很大的上升空间，因为在我们协会会员所在的绝大多数社团内，我们只有一个会员，只在很少一部分社团内有一名以上的会员，我们觉得我们是在重新开发一个很有市场价值的绩优项目。同时我们也很清楚接下来董事会不得不面对这样一个事实，由于我们降低了会费，第一年我们的会费收入将会减少。然而，如果我们不采取这些措施来增加会员数量，我们的会费收入也会减少，并且更不会有很多新的会员加入。其中最为重要的是，我们通过发展团体会员，改变了过去多年一成不变的会员发展方式。

基于此，我们建议董事会将目光放长远，我们团体会员数量的增加，最终会弥补我们前期由于降低会费所带来的收入损失，因为许多只有一名会员的社团将看到成为我们会员的益处，从而使得我们协会的会员数量进一步增加。最后董事会决定放手一搏，为了发展新的团体会员而改变了其多年一成不变的会员结构。

如今北卡罗来纳州社团管理者协会拥有700多名会员，其中社团管理人员大约有400名，这些社团管理人员分布在320多家社团中。4年来我们协会的核心会员人数增加了56%，协会所代表的社团数量也增加了60%。协会的会员黏性度也从原先的不到70%增加到95%以上。

在实现了会员数量增长的几年之后，一个新的问题随之出现。

北卡罗来纳州社团管理者协会的专业发展项目包括4个季度性的会员午餐会、6个协会论坛、贸易展览会和年会。每个会员午餐会都有一个主讲嘉宾和上午研讨会；贸易展览会包括展览并伴随着一上午的培训会议；年会就是比较典型的每年一次的会议。除协会论坛外，我们的会员增加也对我们协会的其他活动产生了积极影响。让我们感到困惑的是，为什么协会论坛除外呢？

协会论坛仅仅是一个为期半天的教育报告，我们很多年来一直采取不同的形式开展教育报告。当然了，既然是论坛，我们就需要为论坛准备主题演讲者、会议室和赞助商。我们同时也要准备宣传材料，注册与会人员，之后进行所有会议都要走的流程。问题就是尽管我们工作如此努力，有时却不得不面对只有8个人出席论坛的尴尬境地。有时我们也会因为参会人数太少而被迫取消活动。最终我们开始扪心自问：为什么我们付出了这么多的努力，却收效甚微呢？我们都开始意识到我们不可能永远召开这些形式万年不变的论坛，也许终于到了进行变革的时候了。

在协会的战略规划会议期间，董事会确定了协会论坛的考核目标。随后我们针对会员为什么不参加协会组织的论坛开展了问卷调查。这些数据收集到手之后，我们第一时间成立了问题解决小组，小组成员包括：行政首席执行官、董事、经理和部分年轻的会员。尤其让我们高兴的是，统计结果显示会员们一致反映一个共同的问题：改变万年不变的协会论坛形式。会员们提出，他们不来参加协会组织的活动，不是因为距离，也不是因为他们用脚投票，他们只是不愿意花60美元并且耗费半天时间来听一个人的演讲。会员们告诉我们，与其让协会花费大量的时间和精力去寻找地点、赞助商和演讲者，还不如想办法让会员和同行聚在一起相互学习。众所周知，对于专业人士来说，最重要的是要给他们提供相互沟通交流的场所。

根据调查数据和小组讨论的意见汇总，董事会一致同意，协会组建两个同行圆桌会议，一个是首席执行官的，另一个是给会议策划人员的。4年以来，协会圆桌会议一直开展得很好。现在我们为在夏洛特的会员也设置了圆桌会议。最近我们决定增加一个可以每月在 4 个主题间轮换的圆桌会议，这些主题都是近期专业发展评估所必需的——会员、营销 / 沟通、技术与政府关系。

创新是成功之母。以前开展协会论坛的时候，参加协会论坛人数最多的一年，也就 80 个左右的与会者。而今天，协会平均每年有 450～500 个人参加圆桌会议。协会的圆桌会议对于协会工作人员和热衷于同行交流的会员来说，起到了不可或缺的重要作用。

专业发展的舵手

现在，专业发展被认为是我们协会做得最好的事情，而且会员数量也达到了历史新高。董事会开始有精力去解决另一个困扰协会多年的问题：我们如何提高人们对协会的专业认可度？

在 2011 年夏天的年度高层管理人员研讨会上，董事会探讨了这一问题。事实上，作为一个社会组织，我们已经迈出了创造性的一步。在北卡罗来纳州，我们将协会打造成专业人士首选资源的愿景已经实现。在经过多次探讨的基础上，我们又提出了一个新的愿景——推动协会管理成为被广泛认可且受尊重的职业，进而改善北卡罗来纳州居民的生活质量。

会后，协会的董事会主席成立了一个工作组来研究我们如何提升职业认可度。随后我们很快意识到，打造职业品牌知名度是一项相当艰巨的任务，要想完成这一任务，我们需要品牌建设专家的协助。幸运的是，我们的计划是在协会预算编制之前提出的，这项工作的部分经费被纳入协会的预算，同时我们也聘请了一个品牌专家帮助我们提高职业认可度。

在与品牌专家开了第一次会议之后，我们针对协会的社团管理会员开展了一次邮件调查，以明确职业认可度的调整方向。由于品牌意识的塑造是一个非常巨大的任务，我们试图通过调查确认是否有推动这一工作的关键目标公众。正如您想象到的，这个调查结果显示，会员首先想要提高他们在普通群众中的认可度，其次是立法机构，最后是大众传媒。我们同时也对会员认为目标公众可以从哪里获取他们的信息展开了调查。结果显示，对于立法机

案例研究的关键点：
1. 验证你的假设。
2. 深入剖析行为。
3. 为决策提供建设性的框架。

构与普通大众而言，其信息来源主要是大众传媒。所以工作组决定将工作重点放在提升媒体和立法机构对我们职业的认可度方面。

基于以上分析，工作组第一时间组织了一些熟悉立法机关和媒体的会员，进行了为期两天的工作研讨会。在这两天中，我们制订了一个有助于将信息传递给媒体的品牌知名度提升计划。由我们确定他们如何去将工作做得更好，以及协会如何去帮助他们。另外我们再次审核了协会提供的每一个产品和服务，以及它们和我们的品牌知名度提升计划的契合方式。同时我们还开创性地做了一些我们能做却一直没有开展的工作。在随后的工作会议上，工作组提议增加5个新项目，以完善和调整我们现有的产品和服务。

目前我们开发了一个品牌标识和一个品牌口号："北卡罗来纳州社团管理者协会——您专业发展的舵手"，我们正在向公众推广这个品牌口号。

虽然说现在就断定我们已经提升了我们的专业认知度还为时尚早，但是协会要经常审视它在自己的生命周期中处于什么位置的做法，为其他社团树立了一个很好的榜样。随着社团不断发展，社团的管理者就应该根据实时数据不断调整航向，以确保社团沿着正确的路线前行。

本章小结

这三个案例研究说明了专业协会可以运用现有或相对容易获得的数据来指导或推广项目／产品。社团可收集的数据多种多样，可以从轶闻趣事到活动记录数据库，再到意见调查，这些数据都可以成为协会数据收集的目标。经过以上案例的学习，我们希望您能掌握以下知识点：

- 运用数据验证假设。大多数高管都积累了多年或几十年的管理经验。然而，运用数据检验我们的假设并确认它们是否依然有效至关重要。

社会的发展日新月异，昨天还奏效的手段也许今天就不起作用了。

- 结合数据深入剖析会员行为。我们的会员数据库是会员行为数据的宝藏，会员每次与社团的互动都会加深我们对会员的认识。然而，这些数据往往仅仅是为了统计。我们应该深入挖掘这些数据，将数据输入相应的软件系统，综合分析会员行为的影响因素。

- 为决策提供建设性的框架。正如前面几个案例所示，社团要学会运用数据改进"拍脑袋"式的决策，虽然数据并非无可争议，但是它会给决策带来建设性的改变。

在第三章中，你将会了解一些社团应该定期实施的规范研究项目，尤其是专业研究技术以及内部和外部的信息资源。

自我省察的五个问题：

以下自我评估问题，可以帮您制定有利于组织发展的决策。

1. 回顾目前的挑战或机遇。您做出决策需要的最少信息量是多少（不是能获得的最大量的信息）？

2. 学会运用那些能获得的与您最重要目标相关的地理数据信息。

3. 对于改革或变革，您最激进的解决方案是什么以及如何运用数据验证且支撑这一解决方案？

4. 尤其对于一些情绪化的决策，运用数据会起到事半功倍的效果。在您的社团里面，有哪些数据能有效地改进情绪化决策？

5. 引领专业发展需要依靠数据。您的社团中存在哪些万年不变的项目或服务，您能用哪些数据去改进这些产品或服务？

本章作者

汉尼斯·康伯斯，注册社团管理师。自 1996 年从事社团管理行业，现任国家拍卖协会首席执行官，在此之前，就职于堪萨斯劳伦斯市美国高尔夫球场监管协会，并曾在该协会的多个岗位任职。

C. 戴卫·甘默尔，注册社团管理师。自 1996 年从事社团管理行业，现任安纳波利斯市美国昆虫学会执行董事。已撰写并由美国社团管理者协会出版了两部书籍：《在线和在线任务——实现突破性成果的实用网络策略》[*Online and On Mission: Practical Web Strategy for Breakthrough Results*（2009）]和《最大限度参与——不断增加会员、志愿者的数量》[*Maximum Engagement: Moving Members, Donors, and Customers to Ever-increasing Levels of Participation*（2011）]。

吉姆·汤普森，美国医学研究院，注册社团管理师。自 2005 年 9 月以来，任北卡罗来纳州社团管理者协会执行董事。在此之前，汤普森任全国房地产经纪人协会（NCAR）业务发展总监，这个岗位是汤普森入职该协会之后帮忙创设的。他在全国房地产经纪人协会工作了 5 年，在此期间，汤普森极大地增加了该协会的收入并且简化了赞助商发展项目。他于 2006 年获得《社团趋势》杂志授予的"杰出青年管理者"称号。入职北卡罗来纳州社团管理者协会以来，汤普森多次为董事会讲授志愿者关系、增加非会费收入、实现会员数量增长、培训协会员工和领导者等主题内容。

第二部分

社团研究的关键内容

第三章　明确社团需要进行的研究

章节概要

到目前为止，您已经清楚地了解为什么研究是社团决策过程的关键内容。同时您也学习了一些社团如何运用研究开展成功项目的典型案例。在本书的这一部分，您将会学习社团需要开展的研究内容和类型，尤其包括有关研究的一些具体问题。

任何一名研究者都知道世界上的所有事情都是可以被研究的——从牙膏到会员参与。但凡是您能想到的事物，研究者们都能想出办法去开展研究。然而，一个好的研究者也知道，决定一项研究是否开展的因素有很多，不能仅仅因为一件事可以研究就去研究它。通过本章内容的学习，您将了解对于某一特定项目来说，哪些研究是切实可行的，哪些研究是毫无必要的。

同时您也会学到应该何时运用询问等方式收集会员和顾客的资料，并知道可以从哪些外部资源中获取可靠信息。您可运用的信息有很多，网上有各式各样的跟公众有关的海量信息源，甚至还有您的目标公众和顾客群的免费信息。当然了，本书这一章也提供了部分信息资源列表。

假设您的某一位资深的志愿者打电话告诉您，对于社团新的继续教育计划，他萌生了一个"伟大"的想法："已经有好几个人告诉过我，我们应该有这样的项目。这些项目对我们的会员来说，好处多多，我相信它会让我们挣很多的钱。"事实上，您其实不太清楚这个"伟大"的想法是否切合实际，但您如何确保您接下来的决策是正确的呢？此外，这个想法是不是不仅能使教育项目获益，甚至还能使整个行业都能从中获益？这些问题的答案，都会在本书中找到。

学习目标

学完本章之后，读者应掌握：

- 社团平时最常开展的各类科研项目，包括为什么要研究、研究什么和如何开展研究；
    - ◆ 市场研究；
    - ◆ 行业研究；
- 大多数研究项目都会面临的三种问题类型；
- 什么时候对研究说"不"；
- 可获取但未被充分利用的海量数据。

以下是社团需要认真对待的两种主要研究类型：

1. 市场研究——一般来说，市场研究是社团的内部事务，开展市场研究能促进社团发展。市场研究包括：①客户和会员研究，重点关注个体，它包括针对满意度、参与度和需求等方面的研究；②以服务、产品或项目为重点的产品研究，这也包括关注产品和服务价格、新产品和决定产品和服务的最佳特性研究。

2. 行业研究——一般来说，市场研究是针对社团自身的运作方式，而行业研究是针对整个职业、学科或行业的利益而实施。它通常是社团非营利收入的来源。这包括薪金／薪酬研究、薪酬趋势报告和任何帮助会员更好开展工作的研究。

市场调查

如何进行市场调查？当您做市场调查的时候，应该将所有的客户都考虑在内。您的服务对象是谁？除了会员之外是否还有其他人？哪些人会为社团的成功感到高兴，哪些人和社团的成功息息相关呢？是您的会议参加者、产品消费者、会议的发言人、参展者、志愿者、员工和杂志的读者，他们都是您的客户。此外，还要考虑那些不是既有客户，但是未来有可能成为其中一员的潜在客户。

一般来说，社团会员和客户研究的关注点有三个：

（1）满意度；

（2）需求评估；

（3）专业化。

满意度调查

您的会员是否对社团感到满意？他们是否认为年会很有价值？而且同样重要的是——如果他们不满意，原因是什么？满意度调查可以帮助您回答此类问题。目前为止，满意度调查在社团领域应用得最为频繁。该调查不仅可以提供大量的即时运用的信息，并且这种调查市场价格适中，相对来说比较容易进行。大多数满意调查本质上都是量化研究，所以这些调查非常容易理解、解释和实施。

为什么要进行满意度调查？ 社团之所以要进行满意度调查，第一个原因是社团要了解关键顾客的满意度以及导致其满意（或不满意）的因素；第二个原因是调查让会员和顾客参与进来，并向他们传达：您的社团会正在利用数据改进工作，以满足他们的需求。研究结果会让您了解您是否在真正履行社团的战略计划。如果是，您会明白如何强化和巩固您的立场。如果不是，您将会深入了解其原因所在。

尽管满意度调查主要关注满意度，但大多数调查除了这个问题外也包含

> 关于"您是否参加志愿服务"的问题示例：您是否愿意参加某某社团的志愿活动？
>
> A. 是的，我现在正在参与。
> B. 不，但我曾经参与过。
> C. 不，我从来都没参与过。

其他的问题，包括参与度：例如近期参与程度、忠诚度，为什么他们会参加（或购买）服务（或产品）以及会员的基本情况。问卷也许还会询问会员期望得到却没有得到的是什么；还有关于新产品、服务以及教育主题等问题。鉴于社团的独特性质，我们建议满意度调查要包括志愿服务。这会让您收集关于参与者、未参与者之间信息的区别。

调查的时间节点和频率。一般来说，问卷的开展在时间上应该尽可能与调查的事件时间越近越好。例如，如果有关于最新项目进程调整的问卷，就应该在调整做出之后第一时间将问卷发送给会员。年度调查应每年同一时间进行一次，才能保证数据的一致性，会员（或其他客户群）的自然波动就不会对调查结果带来较大影响。

虽然很多人都愿意开展年度调查，但是具体是否开展也要取决于年度调查开展的必要性和相关性。如果新的一年没有开展任何新项目，并且项目的流程也没有出现任何变化，那么年度调查就可以推迟，可以考虑每隔一年进行一次。这在很大程度上会节省协会资源，同时也会减少需要处理的数据量，减轻样品池的负担。

满意度调查可让您跟踪社团的总体健康状况和社团提供给会员、顾客的项目、产品、服务的情况。总的来说，满意度调查可让您跟踪总体趋势，同时项目和产品评估可以为协会储备特定资源提供关键信息。为满意度调查设立满意度得分标杆是至关重要的，其前提是问题和标准必须每一年都一样，这个得分标杆才有意义。我们一般建议至少要保持60%～80%的问题是一致的，其余的问题可以根据当前遇到的情况加以调整。

拥有公司会员的社团应注意

总的来说，这里所提供的技巧和技术您完全可以直接运用到工作中去，因为调查问卷填写都是由个人来完成的。团体会员的调查与个体会员最大的区别在于样本的不同。您需要考虑团体会员的主要联络人，如果这个人是一个对您的社团知之甚少的采购型员工，那么他 / 她就不合适作为调查对象；如果这个人是一个对您的社团非常了解的人，那么他 / 她就是一个合适的调查对象。另外，如果在一个合作点有多个不同的公司会员，您可能需要仔细斟酌，争取不会因为样本的分布导致调查结果出现偏差。例如，假设您的调查样本包括 200 家公司，平均每家公司有 5 个调查对象，加起来共有 1000 份问卷。而实际上调查对象的分布是不均衡的，有的公司里的调查对象有 50 个，而有的公司只有 1 个。在此情况下，您就需要考虑如何让每个公司都感觉他们被公平对待了。

需求评估研究

一个会员带着一个听起来很棒的想法来找您，您会直接将他所提供的想法付诸实施吗？还是您会退一步，在确定这个想法能否解决您所面对的问题之后再决定是否实施？需求评估是一种系统的、数据驱动的过程，它必须要明确，才能解决当前组织面临的困境。它可以测量您的社团应对挑战的方式和顾客或会员希望看到社团接下来怎样应对挑战之间的差距。

需求评估研究通常来自具体的需求，并且是基于需求进行设计的。例如，当您有一个组织新的会议的想法时，您就需要进行与此相关的需求评估。然而，对于部分社团而言，开展定期的需求评估是应对会员和员工面临挑战的一个好办法。

需求研究的结果并不能直接给出我们希望提供的新产品的完美想法。然而，它通常包括一些信息，让我们将一些点子与我们已经想好的想法相结合，同时它也能够为我们是否迈向正确的方向提供指导。在需求研究中最常用的方式就是询问会员和顾客们最为纠结的问题，而不是问他们想要什么样的产品或服务。对于人们来说，谈论他们已有的经历要比让他们畅想未来的情形更容易。比如，在旅途中的火车上我们会用 i Pad 记录一些事情和想法。但在几年之前，如果我们完成一个需求评估，我们不会说："嘿，我们需要一个触摸屏，支持 WiFi 的轻量级设备，它能容纳上千首歌和好几部电影，还有让我们随时工作的功能。"然而，我们也许会说，我们希望在旅游时，有更简便的工具和方式让我们记录一些事。整合和连接这些创意点的是技术公司的聪明人。这就是您，作为一名聪明的社团管理者，在研发新产品、提供新服务时需要做的。

满意度调查通常是量化的，而需求评估既可以是定量的，也可以是定性的。定性评估将让您在更深层次上了解需求，并了解"是什么，为什么，以及怎么做"。

专业化研究

我们将回顾两种类型的专业化研究。一是高级统计研究，二是专题研究。这里有两种我们可依赖的高级统计研究方法。第一个是真正的会员细分研究，它依赖于基于数据进行会员细分之后所得到的高级统计数据。在研究中，有一些术语称为先验分析和事后分析。先验分析意味着您已经确定细分要先于数据收集。我们许多人在对比男女、老少、政府与公司会员等之间的差异时会运用先验分析。先验、细分很容易，我们都非常清楚这些分类的不同。任何数据都可以通过先验分析进行划分。真正的会员细分研究是更有说服力的事后分析。这意味着在确认基于数据的会员细分时，已经对数据进行了高级的统计。例如，通过使用统计数据，您可能会发现一些崭新的和真实的划分依据："哪些人是刚毕业的，哪些人在中型企业工作，哪些人在去年至少参加了两次会议，哪些人对您的社团印象很好并评价颇高……"并且，如果您使用了一个具有代表性的样本，您会知道在某一特定群体，会员的比例是多少。如果您知道在这个群体中有 27% 的人是您的会员，那么接下来您会做出哪些跟以往不同的改变？您会用新的方式来开拓这一市场吗？您能够设计更好的产品和服务并提供给他们吗？

然而，会员细分最好是交给进行大量细分研究项目的专业研究人员，因为会员细分研究的成本很高（根据复杂程度，可能会高达 100000 美元）。值得庆幸的是，这种研究不用经常做。对于会员相对稳定的社团来说，3～5 年进行一次细分研究是比较恰当的频率。如果这种研究超出了您的预算，那么就运用先验细分，尽可能地多花费些时间来阐释数据模型。

会员细分

先验的意思是确定了分类再去收集数据。

事后分析包括寻找之前没有确定的数据模型。

会员细分是根据有关他们的行为、基本情况需求等收集的数据创建会员类别，以提供吸引特定类型会员的产品和服务。

　　还记得那个要求您推出一个新教育产品的志愿者吗？假设进行了一次完整的需求评估之后，您确定这个资深志愿者建议的教育产品是有用的。现在，您已经决定开发它了，您应该将它的价格定为多少比较合适？您会把它的价格定得很低以吸引更多的顾客吗？还是您会将其价格定得较高以实现产品收益最大化，然后再将其售于 VIP 会员？在此你可以运用一些强大的分析工具，例如离散选择建模，又称作联合分析，这是非常实用且有价值的高级统计方法，它能帮助研究人员确定产品或服务的特点。让我们再次回到我们教育产品的例子，这个教育产品的提供方式既可以是现场培训，也可以是在线教育并配备一名在线辅导人员，还可以是在线教育且没有在线辅导人员；在价格方面，它可以是 100 美元 10 门课程的打包价，也可以是 12 美元 1 个模块的定价；或者仅由您的协会或大学挂名等。基于您想要的不同属性和级别，您可能有 100 多个不同的排列组合。就是：12 美元一个模块不带在线辅导人员的在线课程，且提供继续教育学分——列出各种属性的排列组合。然后谨慎地随机抽取调查对象，为每个调查对象提供部分组合，调查他或她是否会购买这些具体功能。使用高级回归分析，结果将告诉您哪个功能提高了购买意图的比例以及这个比例是多少？离散选择建模工具的功能非常强大的。当然，这个过程会花费大量的时间和精力，这种类型的研究适用于具体需求的回应。

专项研究

　　这是一般不用每年都进行的项目。例如，您可能会把您的大部分研究资源投入到当前会员的数据收集中去，但您是不是也应该开展一些潜在会员和顾客的研究。向潜在会员和潜在顾客调查他们对您的社团和特定产品的熟悉度是多少？您可以在问卷的最后环节，调查他们是否想要了解更多的信息。您还可以考虑做一个关于原会员或原客户的研究项目。例如，问他们为什么不续约或为什么不参加您组织的会议的原因。在您给他们提供一个"为什么"的多选题之前，给他们留下回答的足够空间。这个研究也可以作为对流失会员的一个扩展服务。每当我们进行流失会员研究时，总是会有一定百分比的会员回流，因为这些会员并没有意识到他们没有续约，或者在该续约时却没有人提醒他们续约。

另一个您希望但不需要经常开展的专项研究类型就是，志愿者与非志愿者研究（注意，可能会涉及特定目的）。对于这类研究，您可以专门设计一份全新问卷，也可以把这些问题放进一般满意度的调查问卷，与满意度调查同时进行。最关键的前提是，这个研究要有足够多的志愿者样本，这样您就可以对志愿与非志愿的会员进行调查。当然，调查结果也有可能会让人不知所措，因为志愿者会员的回答可能会与非志愿者会员的回答大相径庭。您的分析甚至还会提醒那些志愿者会员，让他们想起他们之所以加入社团是有着自己特殊的动机和目的的，对"真正的"会员和顾客开展特定目的的研究是必不可少的。志愿者的"直觉"或者他们的个人经历不会对此产生影响，因为成功社团的决策都是基于客观数据做出的。

大多数市场研究项目需要考虑的三个问题

1. **推荐**——您可能已经很熟悉"唯一问题"理论了。一般来说这个理念就是，您只需要问调查对象：她或他是否愿意推荐您的社团、产品或服务。当一个人推荐某件东西的时候，她或他已将自己的信誉投资在内，因此，这是衡量您的社团、产品或服务的最佳问题。这个问题引人注意的地方在于，它可以非常容易地追踪行业需求，就是"净推荐值"（在这方面有太多的研究，因此我们不加赘述。将净推荐值输入您喜欢的搜索引擎，您至少可以得到需要阅读一个星期的资料）。我们相信这不是唯一需要问的问题，但我们坚信"您是否会推荐它"这类问题要被包括在内。您需要直截了当地问这个问题，而不是问"推荐的可能性"之类的问题来弄明白人们为什么愿意或不愿意推荐您的社团。

2. **行为**——是否推荐某一服务或产品之所以很重要，是因为它与一个人接下来可能发生的行为密切相关。任何关于调查对象未来倾向的问题都非常重要。也许只是简单地问："您有多大可能在下一年度为您的会员资格续费？"或"您明年有多大可能参加这个会议？"等类似的问题。您可以随后巧妙地跟进开放性的问题，询问他们这样回答的理由。比如，如果他们回答"肯定会的"，您可以问"当您回答'肯定会的'的时候，您的想法是什么？"如果您的调查是在线进行的，网络软件可以根据前一个问题的答案来精准地提供后续问题。如果是纸质问卷调查，您可以写得模糊一些，比如"当您回答上一个问题的时候您在想什么？"虽然在调查答案和实际信用之间永远没有完美的契合，但这也在一定程度上提供了有价值的信息。

另外，当您收集的类似数据的数量不断增加时，您就可以更准确地了解或者预测某一答案的含义。例如，您可以查看去年研究的调查对象，看看他们有多少实际上续约了。您可能会发现，说他们"肯定会续约"的会员中有90%的会员续约了，而说"可能会续约"的会员中有75%的会员续约了，等等。这样您就可以构建一个对于您的会员来说，这些问题答案的真实意义的模型。

3. **满意度和重要性**——当这两种问题一起被询问时，您会得到非常有用的答案。第一，明确您想要了解的产品和服务（例如社团网站、年会和流程改革等）。第二，设计关于提供这些产品和服务的社团重要性的问题，然后询问会员对您的社团提供的这些产品和服务的满意度。当您拿到调查结果之后，您可以将其绘制成两个数轴——一个是显示从低到高的重要性排列，另一个是显示从低到高的满意度排列。根据数轴图，您应该高度重视高重要性和低满意度的产品和服务，最少关注低重要性和高满意度、低重要性和低满意度的产品和服务，并确保您将注意力维持在那些高重要性和高满意度的产品和服务商上。

行业研究

通过美国社团管理者协会"决定加入"研究项目（一个行业研究的典型个案），使得我们认识到，在促使人们决定成为某个社团会员的影响因素中，"收集、分析和发布有关领域趋势的数据"这一作用占据第二高的位置。了解行业内外不仅将有助于推广所有的产品和服务，同时还可以将会员和顾客的信息反馈数据作为社团稳定的收入来源。

进行研究的时间节点和频率？ 具体行业研究的时间，取决于会员或客户的需要，如果他们发现某些信息有价值，您就应该考虑收集这些信息。当您的会员或客户需要行业研究数据开展工作或做出决策时，行业调查研究就有开展的必要了。对于某一行业的研究究竟需要多久进行一次，具体应该由其行业信息更新的速度来决定。有一些行业研究需要每年进行一次，而有的行业并非如此。例如，在房地产市场领域，市场基准研究可能需要一年进行多次；而一些稳定行业的运营指标可能几年才需要进行一次（可参见"美国社团管理者协会运营指标报告"）。

行业研究的范围很广，从描述性统计到您的行业或职业某个方面进行的探索性考试都属于行业研究。本节将重点介绍作为行业研究入门的三种行业研究，其实对于行业研究来说，您会发现需要开展的研究永无止境。所有的行业研究都起始于共享信息的目标，因为有些服务需要汇集会员的相关信息，而每一个独立个体会员的信息难以支撑我们的需求。

标杆管理

标杆管理是现实中很常用的管理手段，社团可以借此用行业标准或者是均值来制定关于运营的战略决策。社团是收集和推广行业标准或者均值的最佳社会组织，因为他们通常是唯一能接触到所有人群而且并且被视为毫无偏见的第三方。

标杆数据可以为会员的决策提供一个强有力的支持，同时为您的社团提供您所在行业领域的宝贵信息，这些信息可以有效地为新产品和新服务的开发提供指导，尤其在政府关系处理和资金筹集等方面的作用更加显著。同样，一个拥有大量地方分会的国家级社团，提供标杆数据给地方或区域层面分会，是其确保上下一致的最佳方式。

> 行业调查是提高会员对类似多元化和包容性等问题认识的一个好方法。通过调查您的会员是否有明文规定的多元化政策，您的调查就会让会员反思他们自身的工作，让他们意识到您所调查的问题是一个重要的议题。

例如，由地方医疗保健协会进行的一项研究，可以为地方医院的医患比率提供基准数据。这不仅可以为医院的人事决策提供指导，还可以为医院的宣传工作奠定基础。

您可以为您所想到的任何事物设定一个标准，如财务信息、政策、程序、实践、流程等；任何可以测量的事物就可以被标杆化，而标杆测试可以帮助每一位领导者了解他们自身与同行之间的差距。

薪酬研究

薪酬研究是标杆管理研究的一个典型例子，也是最常见的社团主导的标杆管理研究之一。许多社团收集和发布他们行业的薪酬数据，一些社团是为了会员的利益，一些是将这些数据作为产品出售。薪酬数据可以通过调查来收集，也可以通过一些行业的公开记录来收集。在之后的案例中，社团的主要作用是汇总和分析这些公开的数据。

薪酬研究需要考虑的一些关键因素：

1. 您是否在社团内找到了合适的人选去实施调查？很多时候您会需要某个人帮您收集社团内所有职位人员的信息，比如人力资源主管或小型协会的 CEO。一旦您确认了合适的调查对象，应该尽量采用购买邮件列表的方式以获取调查对象最新、最准确的联系方式。薪酬研究往往耗时长，还要求被调查对象查询相关信息（而不能仅仅靠回想），所以，要第一时间寻找合适人选，以避免调查过程中可能遇到的障碍。

2. 您是否能让调查对象更便捷地回答问卷？如果您列出长长一串有关薪酬的问题清单，就需要斟酌这些问题是不是对所有人都有意义。

3. 当公布调查结果时，请将数据按照相关标准划分为几个有意义的部分，例如按地区、职员人数等标准来进行分析。

发展趋势

许多社团还从事他们所在行业的环境监测。行业环境监测是有目的检测行业现在和未来的发展趋势，这个分析无论从微观角度还是宏观角度，都会对会员产生深远的影响。

行业环境监测的方法多种多样，有一些方法适合在日常的活动中使用，而另一些方法则非常复杂，运用起来需要仔细斟酌。同样，选择负责行业环境监测人员的方法也很多，包括从高级职员到董事会，到某个志愿者小组的选择方法多种多样。社团进行行业环境监测的最终目标是将环境监测变成行业的前瞻性过滤器，会员熟知环境监测的数据之后，能够为应对快速变更的环境做好准备。

环境监测往往不仅仅可以明确行业发展趋势，通过环境监测，社团还可以在运用和分析海量志愿者的经验和知识，帮助会员认识到潜在的挑战和应对之策等方面发挥很好的作用。这个过程中的每一个步骤——识别、解释和应用——都需要建立相应的执行机制，当这些步骤都能顺利完成时，就可以实现会员与其顾客高效地关联的美好蓝图。

当您对自身所在行业进行环境监测时，您需要考虑某些方面的全球趋势，比如变化的人口和消费者的行为以及行业内的发展趋势。以社团这个特定行业为例，对于社团领导者来说，了解移动技术和信息渠道运用的全球趋势以及这种趋势对他们的产品和服务产生的影响，和了解治理实践的转变（如董事会的规模）和教育计划（转变到虚拟世界），二者同等重要。

行业研究案例

随着企业和社团越来越依赖运用数据开展运营，人们对相关研究的耐心和支持也与日俱增。几年前，或许只有很小一部分会员认可这种研究的作用，然而今天，研究不仅成了引人注目的筹款工具，同时也成了领导者寻找

研究与反垄断问题

在收集和发布行业数据时，您要注意的一个问题是您是否会因此违反垄断法，尤其要关注的是研究结果不能导致竞争减少。良好的研究实践可以帮助您避免类似问题的出现。例如，您应该严格遵守这样一项原则，始终为个人的调查反馈保密，只发布研究的结果而不公布调查的全部数据。这对于可能有反垄断倾向的研究来说至关重要，同时也有助于调查对象更愿意为您提供调查数据。此外，如果您的研究报告可供会员使用的话，应该同时也可以提供给非会员使用（这样就能有效地扩大研究范围）。

美国联邦贸易委员会和司法部已经发布了协助反垄断问题的指导方针，可通过访问 http://www.ftc.gov/os/2000/04/ftcdojguidelines.pdf 获得，社团应就潜在的反垄断风险活动寻求专业法律顾问的帮助。

特别注意（无需额外费用）

- 避免在您的电子邮件主题词中使用单词"调查"或"问卷"。试试，"ABC 协会需要您的帮助"或"ABC 的特别请求"等类似语言。

- 请务必在您的邀约中包含真实联系人的准确电子邮件和真实电话号码。不要担心，您不会收到未邀约调查对象的回复的。我们已经发送了成千上万份邀约，我们几乎没有收到过额外的答复。私人联系会提高您的调查问卷回收率，因为它是针对个人的并且更符合相关法律规定（另外，如果可以的话，在邮件中使用私人问候语）。

- 请务必在调查的结尾设置一个意见区，为调查对象的留言提供方便。这样就可以让调查对象提供他们想要提供的反馈意见，而不需要您专门去问。另外，如果他们对调查问题不满意的话，他们也可以在意见区把他们的不满写下来。当然，您也会在意见区惊喜地发现一些积极的评论，例如"谢谢您征求我的意见。"等正面的评价。

- 请务必提供清晰、明确的问卷指导。让调查对象知道他们在开始做问卷的时候是否需要提供特定的材料或信息。

- 除非您有非常好的理由，否则不能要求调查对象在回答下一个问题之前必须回答某个问题。类似问题会使得被调查对象感到不舒服，进而会导致调查拒答率的增加。还记得大多数问卷都是纸质版的时候吗？它没有办法要求所有人回答某个问题之后才能回答下一个问题。如果您想要每个人都完成您的调查，请不要用强迫的方式。您可以用蜂蜜，而不是醋去捕捉更多的苍蝇。再者，相对于纸质版的调查问卷而言，在线调查问卷使得调查对象不太可能跳过某些问题。

- 请务必确保至少有两个人校正和测试调查问卷。第一个人检查语法错误，第二个人应该是目标调查对象中的一个，这样她/他就可以帮您检测问题是否设计得清楚明了。最理想的状况是，您会有几个人校正问卷，当然，哪怕只有一个人校正也没关系，一定要牢记：在没有校正之前，问卷绝对不能公开发放。对于在线调查，测试者应仔细检查所有调查问题的逻辑、导向和可信度。

- 可以考虑找几个会员进行小型测试（也被称作元测试）。

- 可以考虑在调查开始时告诉调查对象大概需要花费多长时间才能完成问卷（一些在线调查可以提示还需要回答的问题数量，以及已经回答了多少问题。例如：您已经答完了 12 个问题中的 5 个）。

有效资源以做出正确决定的必不可少的工具。

无论您研究能力的范围是什么，院士和咨询公司都渴望获得由社团提供的大量信息资源和人才状况。

让您的会员了解他们自己想学什么是一个很好的起点。为了有效地制定研究议程和指导研究方法，设置一个研究委员是推进研究工作的不二选择。

何时不需要进行研究

有三种情况应该不做研究。这三种情况具体如下：

1. 不论是内部研究还是外部研究，研究对任何事都不起作用；

2. 既有数据足够好且能满足需要；

3. 改变项目或开发新功能的风险低于研究成本。

第一种情况，基于研究结果，您没有能力进行改变时，您应该放弃研究。比如，因为您的 IT 部门刚刚经过彻底的检修，接下来将推出一个新的更新系统，但是您的会员部主任来找您，并且问您会员会接受吗？其实，为什么要弄清会员会不会接受呢，难道没有会员的认可，系统就不用更新了吗？再如：如果您已经跟某个年会地址签署了五年的期限合同，接下来就没有必要问他们是否想要换一个新的年会地址。

资金充裕的研究部门可能会发现，任何一项研究都非常非常吸引人，但是如果某项研究跟行业的相关度没那么高，或者某项研究只对一小部分人有用时，捐助者可能会有他们捐助的资金被浪费了的感觉。

第二种可对研究说"不"的情况是，您有"足够好"且满足决策需要的数据，或者市场上有关于这个问题的充分研究成果。例如，您已经给某个特殊利益集团做了如何最好地组织地方会议的研究，而另一个特殊利益集团需要相同的信息。如果您认为在组织地方会议方面，这两个领域没有什么根本差别的话，那么就没有必要进行再次研究，而是直接使用上次的研究结果就可以了，因为数据已经"足够好"且满足需要。

放弃一个很酷的研究想法没什么大不了的

我们大多数人都没有浪费金钱和时间的习惯。鉴于此，我们也不会把金钱和时间浪费在与计划无关的研究上，除非研究结果是和计划相关。您可以称呼我们是纯粹研究主义者（这无可厚非），但我们憎恶那些不会带来任何实质改变的调研。研究者必须珍惜被调查对象参与调查的时间。如果您要求他人花费时间参与您的项目，您首先要确保您的问题是正确的、可行的，且是为致力于做出改变而设计的，否则这项调研就毫无意义。

可以对研究说"不"的第三种情况是，研究成本（时间或金钱）大于拟进行研究对象的价值。例如，假设您要出售某个项目的某个副产品，这将花费您 2000 美元以及两周的时间才能准备好这个副产品。但是如果研究该副产品能否售出的话，将花费您 5000 美元以及四周的时间。既然如此，那就直接出售该副产品好了，实践会证明该副产品能否售出。

意识到既有信息资源的价值，却不能物尽其用

我们认为您现在能够获得的有价值的信息都是免费的。为什么呢？主要体现在两个方面，我们知道您有访问内部信息的权限，同时也可以访问外部免费信息。

内部信息

许多社团都有包含会员信息的内部数据库。数据库资料包括会员的年龄、性别和会员资格年限等，会员的这些基本信息与一般的人口统计基本情况不同。您可以综合这些信息，以探究哪些群体的会员更有可能续约或不续约。我们比较熟悉的一个社团发现了一个趋势，他们的学生会员倾向于毕业后不续约，但是几年之后又回归了这个社团。追踪您的会员，您也可以洞悉类似的真知灼见，让您更好地聚焦和关注这些可能回归的资源。

您的会员数据库也会包括可以作为基准信息来分析的数据，比如预算或者会员组织的收益。

许多社团都会纠结他们什么时候增加会费合适以及增加会费对会员黏性的影响。您可以将社团的会员数量和会费增长做成一个图表，就可以明确增加会费会带来什么影响。许多社团发现，实际上他们的会费弹性很大，当会员的会费适度增加之后，几乎没有会员因会费增长而流失。

此外，如果您有会员在社团里消费物品的相关信息（比如，购买书籍、参加会议、参与相关项目等），您可以验证这些信息与会员续约之间的关联。如果您发现每年花费在 100 ～ 200 美元的会员更不可能去续约，而花费在 50 ～ 100 美元以及高于 200 美元的人更有可能续约，您接下来会做出哪些调整呢？您拥有的信息越多，您能进行的数据分析就越多，您就越有可能发现组织运营过程中非常有价值的关联。

此外，您的网站上也充斥着各式各样的信息。一个相对简单的分析就是，搜集和分析您主网站上的数据。轻轻点击一下您的网页分析程序，您就知道访问网站的人用的是什么浏览器，什么语言，来自哪个国家以及浏览时段（如果您没有一个网站的分析程序，我们建议您搜索"免费网页分析"程序，并下载安装）。仅仅多做一点点工作，您就能够知道访问者喜欢浏览什么，他们在您的网站上花了多长时间等信息。您甚至可以针对您最受欢迎的项目做点击流量分析。比如，尝试获取浏览了您的主页并点击了"会员"网页的访问者的个人数据。接下来他们访问了哪个网页？他们浏览了什么？随后是浏览哪里？您可以对比一下您的"期望路径"（就是您期望的浏览路径）和大多数人实际浏览过的路径。您将会有一些非常有价值的发现，比如您在哪里流失了大部分的客户。例如，如果您发现在人们浏览会员福利说明的那个网页之后，客户流失了 35%，您该怎么办？如果您随之对会员福利的说明进行了修改并对内容做了调整，您就可以根据客户流失率的变化验证会员福利说明与客户流失率的关联。

我们不可能期望您能够掌握您所拥有的所有数据的细节，但请考虑一下您的信息来源。您是否已经完成了会议参加者的评估呢？同时考虑一下花几个小时浏览一下社交媒体，看看人们脸书（Facebook）、领英（LinkedIn）、推特（Twitter）等媒介上是如评论您的社团的。您可以购买一些评论分析的软件

（有些是免费的），看一看这些评论到底是积极的、中立的，还是消极的。

外部信息

我们都能在线获取一些有价值的信息，因为很多社团、政府机构、出版商以及一些项目组的网站都是公开的，他们在线公布自己的信息供大家访问，其中大部分的信息都是免费的。尽管这些信息可能与您的客户群并不匹配，但它们可能在您计划未来时变得非常有用。比如，皮尤互联网项目提供了有关使用互联网的一般信息，这些信息可以为你提供借鉴：即你应该缩短在线形象更新周期，及时迅速地更新自己的在线形象。例如，如果您的社团在美国，而且会员主要是图书管理员，那么您就可以浏览一下美国劳工统计局的网站。美国劳工统计局网站上有数百种职业就业前景的信息。对于图书管理员来说，就业前景是什么？乐观的？有多乐观呢？衰退的？还是保持原样？您可以将这些信息运用到将来的计划中。您也可以用劳工统计局的数据来确定您的市场占有率。将您的社团的所有美国会员数作为分子，以及行业所有的美国会员数作为分母，您就可以计算出您的会员的市场占有率。对于

外部信息的常用网站

- 美国劳工统计局：http://www.bls.gov
- 国家慈善统计中心：http://nccs.urban.org
- 皮尤网站和美国生活项目：http://pewinternet.org
- 婴儿潮工程：http://www.boomerproject.com
- 中情局世界概况：https://www.cia.gov/library/publications/the-world-factbook/geos/xx.html
- 国家百科全书：http://www.nationsencyclopedia.com
- 欧共体：http://europa.eu
- 酷数据：http://www.gapminder.org
- 国际货币基金组织世界经济展望数据库：http://www.imf.org/external/ns/cs.aspx?id=28
- 经济学人智库：http://www.eiu.com/public
- 亚洲研究国家统计局：http://www.nbr.org
- 联合国数据：http://data.un.org
- 联合国统计局：http://unstats.un.org/unsd/default.htm
- 英国前瞻计划项目：http://www.bis.gov.uk/foresight
- 未来研究院：http://www.iftf.org

会员管理的负责人来说，这些数据是需要时时刻刻密切关注的。

本章小结

在本书的这一部分，您看到了社团应该进行的研究项目的不同类型，以及您什么时候该对研究说"不"。本章尤其重点提到了三个您应该经常调研的问题，还有一个永远不该调研的问题。什么问题是您不该调研的？——您不能付诸行动的问题，不管得到的答案是什么，您却无能为力，什么都改变不了，这类问题就是不该调研的问题。

我们也介绍了一些大部分社团都会进行的常规研究项目，以及您应该多久进行一次研究。您也看到了一些非常有价值和非常专业的研究技术，这些技术都是您的研究所常用的，所以应该常备案头且熟练掌握。我们探讨了可以对您的决策提供帮助的信息源和需要进一步挖掘的、社团自身拥有的宝贵信息资源（例如会员数据库）以及拥有海量信息的外部信息源。

本书的这一部分还总结了一些特别提示，这是我们从事这一行业以来，对一百多万位调查对象进行了数百次调查后总结出来的宝贵经验。

自我省察的三个问题：

1. 进行满意度调查的时候，您的所有问题都应该与满意度有关吗？（不，您可以灵活地运用问卷调查的"空间"，也可以添加一部分其他研究兴趣领域的问题。）

2. 由于人们对自己需要的认识并不完全清楚，他们并不清楚什么产品能完美地满足他们的需要，因此针对会员开展需求调查是很愚蠢的吗？（不，这种认识并不正确。设计某项产品完美地满足人们需要的想法只是画饼充饥。通过调查您会了解人们的需求"痛点"，在此基础上您就能设计出更好的产品来满足他们最迫切的需求。）

3. 如果有"某个权力部门"要求您针对某个主题开展研究，您需要仔
细斟酌，并适时说"不"吗？

本章作者

埃琳娜·格斯特曼博士，注册社团管理师。现任美国电气与电子工程师
协会（IEEE）企业规划和发展部高级总监。其社会心理学的专业背景为她在
IEEE 的行业研究工作提供了极大的帮助。作为美国心理学协会和美国社团管
理者协会的双料会员，她的研究一直站在行业研究的最前沿。

马克·毕布，注册社团管理师。现任美国电气与电子工程师协会战略研
究部总监，自 2005 年以来他就一直在这个岗位上进行研究。马克是美国罗格
斯大学几个大学前数学和科学教育项目的内部评估专家。同时他还是美国社团
管理者协会、美国心理学协会和市场研究协会的会员。

第四章　由谁来开展研究

章节概要

您已经做出了社团需要做研究的决定，这非常有利于社团的发展。但是由谁来完成这个研究呢？您怎样去寻找这些人呢？我们在这一章会介绍解决这一问题的三个基本方法：一是招一个内部的研究人员；二是与外部研究供应商签订研究合同；三是采用内部研究人员管理外部研究供应商的混合方式。上述任何一个方法都能奏效，但是每一个方法都有其优点和缺陷。

这一部分内容将帮助您确定哪一个方法最适合您的社团，且符合您特定的研究需求。还有，要选择对于您的社团来说最有效的方法，那么对于一个好的研究者或供应商来说，应该具备哪些技能和特质呢？如何找到完美的研究人员或者供应商是一个很大的挑战，即使您找不到"完美"的人选，您也可以找到一些在您看来可以做到"完美"的人。您要了解谁能有能力着手进行这个研究，你可以从聘用外部供应商和可能需要的成本中得到启示。

学习目标

学完本章，读者能掌握：

- 能够为社团开展研究的人的资质、知识、个人技能；
- 内部员工拥有的技能和职责范围；
- 外部顾问拥有的技能，备好相应的"技能清单"，在和顾问或供应商签合同的时候会用得上；
- 进行研究的混合模式——内部员工提出研究需求，然后由外部顾问和外部研究人员开展研究。

您已经决定了想要通过研究来解决社团面临的重要问题。您读完本书的第三章之后，就知道解决问题的途径是多种多样的，也许您的第一个想法就是"应该由谁来完成这个研究？"基于您的目标、想要研究的类型、预算和技能，您可以有多种选择：

1. 由您自己进行研究，即使您不是专家；
2. 招聘一位研究专家作为社团职员；
3. 与外面的研究顾问或供应商签订研究合同。

方法一是运用已有的工具让社团员工来进行研究。现在有很多研究工具可以为"DIY"研究提供支持，不需要花费大量的员工时间或其他资源。在研究伊始，"DIY"研究作为一种证明社团研究的价值的方式，这也许奏效。如果您决定采用这种方式，您需要审慎地确保这个研究是高质量的，且提供了有用的信息。最起码，不要用拙劣的问卷语言、冗长的问卷以及无用的研究结果来吓跑您的会员和顾客。

一定要谨记，如果您要以这个研究结果为基础进行重要决策，这个决策可能会影响社团今后的发展状况，那么，为了高质量的研究结果而加大研究投入是物有所值的。

注　意

现在，随着简单而成本低廉的线上调查项目如调查猴子（Survey Monkey，全球极受欢迎的在线调查工具之一）或流体调查（Fluid Surveys，极流行的在线调查工具之一）的推广，对于每个人来说，做调查变成了轻而易举的事情。然而，这并不意味着每个人都能成为一个好的研究者。以一个好的方式设计正确的问题，并恰如其分地分析调查结果，都需要专门训练和具备一定经验。同理，有了复杂数据分析软件等工具的帮助，分析研究结果看起来很容易。然而，知道分析什么以及如何向别人解读也需要专业训练和技巧。所以，如果您没有为寻求专家的帮助而做好准备，那就上网看看其他社团成功进行的调查；看看会让您有一个好的开始的参考书（比如这一本）；确保您不断运用其他方式验证您的调查结果，这样当调查对象最终看到调查结果的时候，调研的所有缺陷和令人疑惑的问题都已经被解决了。

另外，两个开展研究项目的主要方法是雇用全职的内部研究人员以及与外部研究顾问签订合同。

	优点	缺点
内部研究人员	<ul><li>了解业务</li><li>服务方便快捷</li><li>内部员工更容易解决</li><li>了解社团的特质</li></ul>	<ul><li>受自身能力影响</li><li>需要雇用新的员工，并为之提供相应的职位预算和福利</li><li>因是内部员工，可能被其他员工、志愿者和潜在的研究参与者视为有偏见，不客观</li><li>您的研究可能并不需要一个全职员工</li></ul>
外包	<ul><li>可以为您的特殊任务挑选最好的供应商</li><li>可以被当作中立、客观的评估者</li><li>只需在需要时支付特定项目或计划的费用</li></ul>	<ul><li>可能不清楚社团的特殊任务需求或业务</li><li>可能成本较高</li><li>开展研究需要的时间更多</li><li>可能不了解社团的特质</li></ul>

招聘内部研究人员时的技能条件

理想的内部研究人员需要具备整个研究流程的扎实的研究技巧；了解您

的社团及其业务需求；了解研究的目标，以及拥有强大的沟通交流能力，这样他或她能够有效地传达研究结果以及如何运用这些研究结果；他最好还要具备能在某一领域崭露头角的能力。其中某些技能可以在工作中学到（例如，了解您的社团），但是确保在聘用内部研究人员之前他或她具备最基础的研究技能。同时，如果您有幸已经有了这么一位内部研究人员，您可以再招聘一个为其开展研究提供协助的员工。比如，如果您已经拥有的内部研究人员是一个统计奇才，但是不擅长设计问卷和写总结报告，那么就应该再招聘一位擅长设计问卷和写总结报告的员工。

招聘时我们应该注重应聘者是否具备这些特殊技能，而不是重点关注他们的其他背景。我们的团队最近招聘了一位新的研究人员，最终入围的三个应聘者的背景各不相同：一个是一名学者，另一个有着非营利研究经验，最后一个是一位有着给供应商（比如市场研究公司）和顾客（比如内部研究人员，尽管在本案例中只是消费品制造商）工作经验的传统市场研究人员。这三个人都具备很好的基本研究技能，虽然这三个人的基本研究技能源自不同的研究背景。

如果写作是这个职位的重要职能，那么就应该要求入围的应聘者写一份报告或者其他写作样本，以便更好地了解他们的写作能力。同样，询问有关他们在项目中角色的细节问题也很重要，因为研究是一个多方合作的过程。比如，如果您的应聘者告诉您一个他主导的很成功的项目，您应该接着问如下问题，比如他在决定使用什么研究方法时起到了什么作用？他从哪里获取的样本？他参与了结果分析吗？谁写的这个报告？谁提交的研究成果？

从哪里可以找到好的应聘者？ 可能为您开展某种特定类型研究的研究人员，是有着各式各样背景的人，所以您的招聘范围应该更广。除了您通常发布职位的地方之外，你可以在您的网站和地区网站上发布招聘需求，您还可以在夸克斯（Quirks）、美国社团管理者协会、领英、市场研究协会、美国院校研究协会、非营利组织和志愿研究协会（ARNOVA）等地方发布招聘公告。问一问在其他社团的同事，他们是否认识好的研究人员。

总之，要找到一位求知好学、善于总结工作经验，且乐于与社团其他员工分享自己的想法的研究人员。一定要牢记，虽然招聘到完全符合以上条件的研究人员是很难的，但是一定不能为了安排某人而将不具备相应能力的人安排到研究岗位上。如果实在需要，您可以为符合条件的职员提供进一步深造的机会，把他培养成社团需要的人才。

面试。面试一名应聘者的时候，一定要弄清楚他在各个研究阶段的能力特长。通常内部研究人员需要完成研究全过程的所有事情，从总结需要调研的业务问题到探讨这些研究结果对社团来说到底意味着什么。

面　试

我们经常在面试时提的一个问题是，"当我们想到研究过程时，我们发现它有 8 个不同的研究步骤……（我们通常将这些步骤写出来放到应聘者面前，这样更有交互性，也不那么正式）……您更喜欢哪个步骤，或者您认为您更擅长哪个？哪个步骤您需要更多的经验或更多的培训？"要聘用那些已经取得研究生学位的应聘者。因为在攻读研究生学位的过程中，他们学会了开展好的研究的流程（比如抽样）和统计分析。

研究人员

	总数	组织类型	
		单位会员社团	个体会员社团
调查对象数量	1014	465	549
至少有一位内部研究人员的社团比例	16%	17%	15%
研究人员平均数（如果有的话）	2.6	1.8	3.2

数据来源：*Benchmarking in Association Management: Publications and Research Policies and Procedures*[1]

您已经聘用了研究人员，接下来该怎么办呢？

如上文所述，拥有一个内部研究人员的最大优点之一就是他们能第一时间知道（或很快能知道）社团内外的情况。所以，您的第一步是，帮助他们了解您社团的所有状况。安排他们与研究中的关键人物会面（比如，执行董事、会员总监等），并基于研究结果做出决策。

除了常规的员工成本外，您还需要考虑一些额外的花费，还有一些开展内部研究所必需的额外资源，具体包括：

- 调查软件——尽管有免费的软件，但是它们不一定能完全满足您的需求（您的新雇员的首要任务之一就是分析这些软件是否与需求契合）。通常来说，软件的免费版本会限制调查的规模和参加调查的人数。结合您的需求，这些限制也可能不会带来什么影响。我们发现有用的特征如下：
  - ◆ 调查品牌化，这样可以让它与社团的品牌相匹配。
  - ◆ 将调查问卷挂在您自己的网站上，而不是挂在调查供应商的网页上（我们感觉把我们的调查问卷网页命名为类似"调查猴子"的傻气名字是不太正式的，不过似乎大多数人并不认可我们的意见）。尤其重要的是，把调查问卷挂在您自己的网站上或者挂在您的网页上，会增加您的会员和调查对象对您的信心，相信您是专业的研究人员。作为会员或者顾客，他们都期望能够跟您建立直接的联系，而这种联系在很大程度上能够提升调查问卷的有效回收率。
  - ◆ 在调查问卷的最后将调查对象引导到您的网站，当调查对象点击调查问卷的"提交"按钮之后，他／她被直接引导到了您想要他们浏览的网页。
  - ◆ 精准的技术支持。

  大多数免费的调查软件供应商也有多种额外支付费用的版本，可以提供一些更强大的功能，例如品牌打造。对于其中的大部分功能，也许正是您想要的。这些软件也有高端的程序包（比如 Vovici，Confirmit，Qualtrics 等）支持更加复杂的调查，价格也更高一些。这些程序包一般来说更适用于大型机构的大量调查，才能体现出其物有所值。

- 统计软件——根据实际需要，您也可以用 Excel 完成您所有的数据分析。尽管功能也非常强大，但是 Excel 在容量和数据支持两方面都有不足。如果研究项目需要更加高级的统计，我们就需要一个先进的统计软件。实际上，许多受过训练的专业研究人员更倾向于用专门的统计软件，如 SPSS 或 SAS。

- 培训——研究人员需要随时关注包括新技术在内的发展前沿。您可能需要您的员工掌握最好的、最新的并持续更新的研究技术。比如在部分领域，培训通常包括成功经历的分享时间，这样大家都能相互学习，这些培训机会都是非常珍贵的，因为这些培训能够有效地促进他们的发展。

- 订购数据库——如果您一直在做大量的二次研究，您也许需要持续跟踪相关数据库或联合研究机构，如 LexisNexis、Outsell（信息行业的调查）、Simba Research 等的最新数据。

聘请外部供应商

也许有些时候您想要雇用外部供应商来负责全部（或部分）的研究项目，当然，作为聘用内部员工当研究者的替代选择，您可以通过聘请外部供应商来开展研究。

即使您确实有一个从事研究工作的职员，但某些时候也会因一些项目而雇用外部供应商。也许有些类型的研究您虽然想要开展，但仅仅因为您没有具备相关专门技能的员工而无法实施。比如，大多数社团都不会定期开展联合或者离散选择研究（通常是用在给产品和服务定价上），因此，跟一个擅长这类研究的专业公司签订合约就很有必要了。

除此之外，您也许想进行"盲测"。也就是说不让调查参与者知道是哪个社团开展的调查。如果您选择一个外部供应商，那么这种调查开展起来就会容易得多。比如说，您的目标客户有大量的社团可供选择，您也许想要雇一个代表某个社团进行调查的供应商，却并不想公开这个社团的名字。这让您在调查中可以问调查对象很多关于社团（您的和竞争者的）的问题，从而有效地规避因公开社团名称引起的偏差问题。

如何才能确定最好的研究供应商呢？为了达到这个目的，您首先应该考虑的一个问题就是，这个供应商能否开展您某个特定项目需要的研究类型呢？很多供应商都表示他们能做所有类型的研究，但是还是有一部分小型甚至是中型的研究供应商做不到这一点（一些全方位服务的市场研究公司可能有开展广泛多样类型研究的能力）。然而，如果他们不是契合您的研究需求的最佳选择时，一个好的研究供应商会明确告诉您。当然，每一个市场研究供应商都有擅长的领域也有不擅长的领域，您可以向他们问询，哪些领域是他们公司最擅长的，以此作为是否决定雇用他们开展研究的参考。

评估供应商的清单

- 拥有您所需要特定研究类型的专长（比如项目小组、价格研究）；
- 了解您的业务和需求；
- 通过有效的方式来提交研究结果；
- 值得信任；
- 致电他们的推荐人并问一些对您的成功至关重要的问题（比如，如果您需要供应商了解您社团运作中非常独特的问题，向推荐人确认供应商在多大程度上了解相关业务）。

其次，他们是否了解您社团的日常业务以及这个项目的独特需求呢？当供应商回复需求建议书时，其中通常包含了他们对您项目研究目标和您社团的理解。有的可能仅仅是对您需求建议书里的总结或他们通过概览您网站公布的细节的重复。然而，一个好的供应商会把自己的真实想法写进回复函中，并会强调他们真的了解您的社团所从事的业务，他们也有能力解决您提出的研究课题。

最后，您信任这个供应商吗？您放心他们获取会员的姓名和联系方式吗？您相信他们会提交给您有用的研究结果信息，并确实借此开展接来下的工作吗？当外部供应商为您开展研究时，他们在研究中应该为您的利益代言，您相信他们会很好地为您社团的利益着想吗？他们能为您的社团和研究结果保密吗？这也许是很难回答的问题，但却是您成功的关键。您可以要求看一下他们制作的问卷样本和报告。当然，允许他们删除机密信息（如果他们并没有隐去其他客户的机密信息，而是与您分享，那么您应该直接淘汰这个供应商。因为您应该并不希望他们和他们将来的客户分享您的信息）。当然了，如果他们能与您分享一个跟您的研究需要相似的工作报告，这对您来说，当然是欢迎之至。

需求建议书应该包括哪些内容？当为一个研究项目撰写需求建议书时，您需要确保您已经有了可以让潜在供应商明白您想要解决的问题的所有信息，并给您一个真实、完整的标价。您的社团也许有自己的需求建议书的模板和格式，在这里我还是要强调一下，需求建议书应该至少包括：

- 清晰、简洁且完整地描述您要解决的问题；
- 研究项目内容的介绍；
- 您期望提交的研究产品（比如，PowerPoint 报告，所有调查工具的备份，原始数据、数据分析等）；
- 时间期限表（包括需求建议书／建议过程还有研究计划本身）；
- 项目预算梗概；
- 他们应该联系哪些员工以提交建议或咨询相关问题；
- 样本数量和是否包含某代表性的样本；
- 预算明细。

一旦您要求供应商提供研究计划书，他们可能会要求与您通话或是面谈，以便他们准备其计划内容。这种联系对于供应商来说非常有用，这会让他们制订出有竞争性的方案，同理这种联系也会帮助您进一步明确您想要研究的问题，您可以充分利用这个机会来发挥他们的才智。当然，您也应该对所有的供应商一视同仁，如果您为某个潜在供应商提供了某些真实信息，那么您也应该把这些信息提供给其他供应商。

如果您的社团有特定采购和招标流程（比如，什么规模的项目需要多个竞价、您需要多少个供应商提供意见等），将这些信息提供给潜在的竞标者。我们研究发现，在给潜在的供应商发送需求建议书之前，向他们打电话确认他们是否有兴趣或考虑准备研究计划书是十分有用的。在评估他们所回复的研究计划书时，您可以采取很正式的方式，设计一个电子表格，在其中列出所有要素的得分；或者您可以采取不那么正式的方式，不使用评分系统或者评分表。

在更为正式的方法中，您应该设置一系列重要的标准，并为每一个标准赋予相应的分数。比如"价值"，应该包括总成本和总收益，可能设定为 10 分；而"研究领域的知识"可能设定为 20 分，"以前的社团研究经验"设定为 15 分。审阅他们的每一条研究计划，并根据预设的评分标准打分，总分最高者将最终胜出。有些人可能会认为您对每个类别设置的最高分值有些武断，并由此提出质疑。假设您更改了每一部分的分值权重，获得最高分的研究计划可能也会随之改变。虽然这听起来很有道理，但如果这个方法和您的研究相匹配，那就应该采用这种办法，而不是借此不采用正式方法去评审。与您的同事一起探讨在研究计划中你们最重视什么的过程是十分有用的。成本？方法？社团领域的专业知识？何者最为重要？讨论优先事项可以帮助您了解为什么某个研究计划最适合您的社团。

当您和研究供应商完成研究项目后

也许您的老板会找到您并和您说："记不记得两年前我们做得很成功的那个项目？在这个项目中我们明确了会员对我们新的继续教育项目的了解程度。"

"是的，我清楚地记得，有什么问题吗？"您回复到，同时尽量让自己脸上表现的风轻云淡，声音也听起来从容不迫。

"我们今年再进行一次，看看我们随后所采取的营销措施是否有效。"

这确实是一个好主意，但是怎样才能确保您可以复制（重复）这个研究呢？无论您什么时候完成了一项研究，尤其是当您聘用了一个外部研究供应商时，您都要确保您掌握了重复研究所需的所有信息。也许您永远也不会重复这个研究，当人们问起这个研究是怎样进行时，这些信息也能够派上用场，您的熟练应对会让他们对您的研究充满信心，他们会认为这些研究结果理所当然地就是他们所希望的。

所以，每当您完成一个研究项目时，您应该确保您拥有：

- 原始数据（包括所有开放式回应）；
- 统计分析软件（SPSS）或其他数据分析文件；
- 代码簿或告诉您每个变量和回复具体含义的东西（比如，99= 无

范例：需求建议书评估表格

评分标准	分值	分数		
		供应商 1	供应商 2	供应商 3
分析能力 • 具备研究需要的特定分析技术的经验 • 用定量分析来支持建议的能力	满分 25 分			
能力的广度和深度 • 整体市场研究 / 竞争力评估专长和经验 • 某领域的专业知识和背景 • 某领域的名气和市场声誉 • 之前在某领域的经验 • 在非营利组织和专业协会方面的经验	满分 15 分			
项目交付 • 具有清晰、准确地提供适当水平报告的能力 • 具有提供可行的建议并量化其潜在影响的能力 • 能够制订实现可衡量结果的时间表 • 制订提供数据的时间表，不仅仅是数据本身，而是数据背后的含义和其对组织的影响	满分 25 分			
衡量团队和公司的声誉 • 资质、工期长短、参与项目的成员的具体绩效记录 • 对客户需求的专注度、交付能力、回应能力 • 利用公司现有的行业关系和建立高价值伙伴关系的能力	满分 15 分			
价值 • 费用提案的竞争力 • 预算分配的成本效益	满分 20 分			
总计	100 分			
是否推荐（是 / 否）				
最终评价（简洁、准确）				
财务状况是否稳定 由首席财务官团队确认				

应答）；

- 最终问卷或讨论指南；
- 包括所有步骤的完整方法（例如，对于收到问卷四天后仍无回应的调查对象的提醒）；
- 完整描述参与者身份和用来找到他们以及如何与他们取得联系的资源。

将这些内容规范化在您与外部供应商签订的合同中是一个很好的选择，这样就能确保您获得所需要的所有信息，而不会在项目结束时还要付出一些额外的费用。

如果您对以下两个问题的回答是肯定的，那么就意味着您已经成功地获得了您需要的所有信息：

- 如果我是一名新员工，被要求重复这个研究，我可以做到吗？
- 如果我被要求重新分析结果，我拥有需要的所有信息吗？

混合模式

最后，您还可以使用混合模式进行研究，即外部供应商进行部分研究，内部员工进行其余部分研究。这个分工可以通过两种方式实现。第一，您可能有一些研究项目需要完全交给外部供应商开展，其他的项目由内部人员完成。在这个模式中，您仍然需要一个训练有素的研究员来监督研究过程并与外部供应商进行互动。

第二，您可以将一个研究项目分解成几个部分，一些交由内部研究人员，其他由供应商或顾问来完成。您可以将研究视为多阶段的过程：

1. 制订研究目标，理解基于研究成果做出的决定；
2. 确定样本以及如何选择样本；
3. 设计调查问卷或讨论问卷导语或其他数据采集工具；
4. 收集数据；
5. 整理和分析数据；

6. 撰写研究报告；

7. 提交研究成果；

8. 帮助社团员工理解研究结果，并立足于研究成果做出变革。

外部供应商可以开展这些项目中的任何一个，特别是处于中间的研究项目。例如，有研究供应商恰巧在开展在线调查并为您收集数据。您仍然需要设计问卷并分析调查结果。我们经常让外部供应商帮我们做第 6 项工作——撰写研究报告。也就是说，我们可以提供所有的信息，但撰写包括研究方法、研究结果和建议在内的报告可以假手他人。

换句话说，您可以使用任何利于您当前需求、资源利用率和员工专长的方式拆分某一个项目。但是，当以某种方式拆分项目时，请记住每个部分不能独立开展，而是要和所有其他部分协同开展。所以，即使您已经签约了研究报告撰写合同，也需要让撰写报告的顾问知道您的研究目标以及您是如何收集数据等信息。

本章小结

综上所述，您一旦做出了进行研究的决定，就会面对多种可能有效实施研究的方法。基于特定研究的具体需求（以及您对未来的期望），您可能想运用现有资源雇用内部员工研究员或外包给外部研究公司，或组合这两个选项。为了做出优秀的数据驱动的决策，您应该选择其中之一来开展研究。

本章介绍了谁可为您开展研究（也包括谁不适合做研究的观点）。通过寻找正确的人或可合作的供应商，有助于您开展更好、更准确决策的研究。不论您是雇用内部研究人员还是外部供应商，您都会找到能够指导您和您的社团如何做出所需决策的专业研究人员。

适合您研究项目的研究人员可能来自不同的领域。最终，您会需要一位熟练掌握最契合您研究需求（调查小组、焦点小组等）类型，且掌握研究领域全部研究技能的人。

您选择的研究人员或研究团队也许不能（打个比方）在与您合作伊始就一鸣惊人。我们相信，在适当的支持和培训后，他们就能很快了解推动您的社团有效运转的影响因素以及如何获取做出正确决策所需的信息。

自我省察的三个问题：

1. 您应该关注潜在内部研究人员的哪些特质？
2. 您如何评估外部研究公司的研究计划？
3. 项目完成之后，我们需要供应商提供什么？

本章作者

马克·毕布，注册社团管理师。现任美国电气与电子工程师协会（IEEE）战略研究部总监（自 2005 年以来他就一直在这个岗位上进行研究），美国罗格斯等大学前数学和科学教育项目的内部评估专家，美国社团管理者协会、美国心理学协会和市场研究协会会员。

埃琳娜·格斯特曼博士，注册社团管理师。现任美国电气与电子工程师协会企业规划和发展部高级总监。其社会心理学的专业背景为她在该协会的行业研究工作提供了极大的帮助。作为美国心理学协会和美国社团管理者协会的双料会员，她的研究一直站在行业研究的最前沿。

参考文献

[1] ASAE Industry Research. *Benchmarking in Association Management: Publications and Research Policies and Procedures*, ASAE: The Center for Association Leadership, 2013. Available at https://mystuff.asaecenter.org/ebusiness/publications/publicationproduc?id=107047.

第三部分

社团研究的基础

第五章 如何进行研究

章节概要

既然您对于社团研究的价值、为什么社团应该进行研究、谁是最好的研究人选已经有了很好的了解，这一章将关注如何开展研究，以及开展研究计划所需的步骤。我们将重点探讨内部与外部研究的不同类型、如何准备研究计划以及如何进行研究后的评估。

学习目标

学完本章，读者应能掌握：

- 研究过程的组成部分；
- 制订研究日程；
- 开发和执行研究项目；
- 研究计划实施时可能会遇到的问题类型；
- 如何进行研究后的评估。

首先，就像第二章、第三章所论述的，在一个社团进行研究之前，考虑项目目的和具体目标以及研究项目或问题是怎样契合社团总的研究计划是至关重要的。更进一步，考虑怎样从研究项目中搜集数据，或者问题是如何符合社团的整体使命、愿景以及战略计划也同等重要。将研究项目和社团总体战略计划、社团正在进行的项目以及产品评估相联系起来是非常重要的起点。为了确保研究计划和计划内具体项目的有效性，将预算考虑在计划之内也是非常有必要的。

为了对社团的年度整体研究议程负责，首席执行官或执行董事应确保将研究项目与他／她在董事会上确定的年度目标结合起来。契合首席执行官年度目标的战略应该包含研究需要的测量工具。研究可以被用来很好地展示社团是如何实现年度目标的。在图 5-1 这个案例中，社团正在测量其客户服务推广的影响及其在某一特定年份客户服务推广对实际认证数量的影响，这也与州际认证（州内认证证书持有者迁徙到其他的州时，不需要额外的能力评估就能实现认证互认）人数增加的战略目标有关联。因为，如果有更多的持有证书的从业人员获得完整的认证，他们证书的流动可能也随之增加。正如图 5-1 所示，这个战略导致 2012 年证书颁发量比 2011年增加了 27%。所以，这个调查研究表明，社团能实现研究项目和年度战略目标的结合。

内部和外部研究

正如第四章所阐述，研究计划可分为内部研究计划和外部研究计划[1]。在社团和非营利部门，进行外部研究是为了向会员提供福利，如某一服务或产品。数据是为了帮助人们制定职业或个人业务时做出决定，这些决定也许对他们自身有益，或让他们身为社团会员而受益。该类型研究的典型案例是一年进行一次或两年进行一次的工资和职位空缺调查，这个调查按职位（例如，技术人员、技术专家和经理等）类型、所赚取收入的服务场所（例

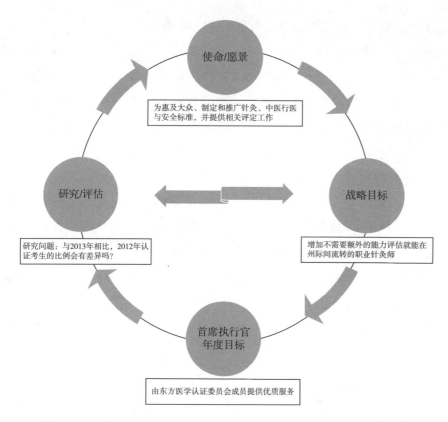

图 5-1　研究问题与社团使命、战略计划和首席执行官年度目标的关联

如，大型医疗机构、小型医院和家庭诊所等）或地理位置（例如，州、区等）进行分层。社团参与招聘的会员可以利用这些数据制定有竞争力的招聘策略。

　　另一个外部研究项目的案例是基准调研，比较某些特定医疗行业不同国家、地域或州之间的临床实践的特点。比如，这可能会统计从业者每个月会接诊多少患者，会向患者收取多少费用，以及他们会采取什么样的治疗手段。这种类型的行业调查可能仅仅是为了获取会员的信息或者也包括非会员群体的信息。例如，对比认证从业者和非认证从业者，以明确哪些人对行业来说是不可或缺的，而不是仅仅分析其中的会员比例。这种类型的研究数据可以被会员、政府机构、职业领导者等人使用，以决定在特定场所下某个行业的发展。比如，从这种类型的基准研究中收集到的数据，可以增强联邦政府机构对于某个行业的认知，如美国劳工局。在 2007 年，美国国家针灸与东方医学认证委员会（NCCAOM）针对针灸专业、东方医学开展了一项工作分析调查，这项研究的研究成果将提交内部和外部人员共享。为了更新针灸与东方医学认证考试内容（内部研究数据是用于验证考试内容的准确性），也是为了在实践的背景下验证东方医学的发展，该项目定期开展实践分析调查以收集该行业的实践趋势数据。了解到针灸还未被美国劳工局视为一种职业，美国国家针灸与东方医学认证委员会运用调查结果向美国劳工局表明，针灸行业有大量的市场需求（外部研究数据显示了提供联邦职业针灸师认证的必要性）。美国国家针灸与东方医学认证委员会在2008 年开展的工作分析调查，是推动美国劳工局认可针灸服务是一种物理治疗手段和技术的方式，也开启了针灸师职业的职业跟踪，为针灸师职业贴上了"成长中的新兴职业"[2]的标签。下面是帮助社团做出明智决策所需信息的示例。

帮助社团做出明智决策所需的信息

- 顾客满意度调查；
- 情境分析；
- 数据挖掘；
- 会员基本情况调查；
- 市场调查——需求评估和产品、服务分析调研；
- 工作或实践分析（如上文所述，作为外部和内部研究的应用）。

顾客满意度调查

客户满意度调查应当面向所有成员，即所有会员，特定的会员群体（特定社团产品和服务的用户，特定人群，如妇女、特殊年龄群体或西班牙裔人等）。图 5-1 阐释了这种类型的研究是如何与使命、战略以及组织目标直接关联的。此类研究结果有助于非营利组织在运营效率和会员满意度方面制定更好的决策。例如，社团投资了一个新网站的设计和运营项目，结果发现多数会员觉得该网站的导航过于烦琐，那么社团会需要在满意度测量指标方面投入更多的时间和资源。此外，满意度调研结果也可以提供行业内新业务领域的开拓机会。例如，调查问卷可以包括社团为会员提供一些额外资源的内容，如可以为会员提供工作或职业发展机会等问题。本章会提到更多关于仔细构建研究（即调查问卷）的内容，以便掌握裁撤或者维持某些产品和服务的指标。通常外部和内部研究只是社团构建如收集会员数据类似的收集和分析数据流程[1]的简单示例。

数据挖掘

数据挖掘是内部研究的第二种类型，通常用以提供基准报告和确定跟组织目标相关的结果测量指标。例如，社团可以把项目业绩报告作为订阅内容或者免费服务，每年向一个或多个会员群体提供。此类研究的具体例子包括某社团开展的一年或两年一次的国家调查，以及由服务于学校的国家级社团开展的个性化的学术项目绩效报告。该社团的专家委员会根据这些数据来判断他们的毕业生成功通过国家认证考试或某个由国家级社团开展的特定评估的认证的情况。尽管国家层面的统计数据对于整个行业和该社团的战略规划都有用，个性化的学术绩效报告对于正在开展如何成功通过认证考试、拿到认证证书教育培训项目的学术项目官员来说也是非常有用的。图 5-2 和图 5-3 分别是国家基准报告和代表性的特定项目绩效报告的例子。另一个数据挖掘有利于社团发展的例子是，社团为了制定实践操作规范，采集了某一特定卫生保健实践的安全记录数据。作为一个国家级的社团，美国国家针灸与东方医学认证委员会帮助州内社团搜集关于未获得证书和认证的针灸师的不安全针灸实践的数据，证明了在未规范针灸治疗行为的州内开展针灸行为认证的必要性。诸如此类的二次研究，利用已经收集的数据，不仅可以使效益最大化，而且比外部研究之类的初步研究要更容易进行。

2010 年至 2012 年美国中医针灸执照考试统计比较报告

	2010 年 1 月 1 日—6 月 30 日							2011 年 1 月 1 日—6 月 30 日							2012 年 1 月 1 日—6 月 30 日						
	n	通过率/%	最低分	最高分	平均分*	标准差	标准偏差	n	通过率/%	最低分	最高分	平均分*	标准差	标准偏差	n	通过率/%	最低分	最高分	平均分*	标准差	标准偏差
针灸与穴位*																					
所有参试者	730	80.8	41	100	77.70	0.13	9.68	715	83.9	24	100	78.25	0.11	8.95	816	81.6	41	100	76.51	0.11	8.42
School FTTT	576	85.1	43	100	78.97	0.12	9.43	592	86.5	24	100	79.10	0.11	8.87	663	85.2	41	100	77.54	0.10	7.96
Other FTTT	41	65.9	41	93	73.49	0.15	11.27	33	69.7	45	95	74.76	0.09	6.86	43	55.8	42	100	71.60	0.15	10.79
School RTT	96	63.5	51	91	72.80	0.10	7.57	80	73.8	45	98	74.20	0.12	8.56	90	73.3	56	88	73.12	0.11	7.73
生物医药																					
所有参试者	614	72.0	36	92	73.94	0.13	9.59	682	70.2	28	95	72.94	0.14	10.52	528	82.9	36	98	77.07	0.12	9.62
School FTTT	532	76.9	36	92	75.09	0.12	8.74	514	77.8	28	95	74.91	0.13	9.92	464	86.9	45	98	78.30	0.11	8.59
Other FTTT	55	36.4	36	89	66.40	0.18	12.21	32	59.4	47	86	71.50	0.16	11.26	41	56.1	36	88	68.71	0.19	12.72
School RTT	20	50.0	47	77	66.25	0.13	8.71	116	45.7	32	84	66.26	0.14	9.21	16	56.3	44	78	66.44	0.15	9.94
中国植物学																					
所有参试者	299	75.9	30	99	79.28	0.15	12.20	362	79.8	33	99	79.35	0.15	11.69	351	78.1	46	99	78.36	0.13	10.41
School FTTT	239	79.9	46	99	80.68	0.14	11.66	311	81.0	33	99	79.78	0.15	11.72	283	79.5	46	99	79.05	0.13	10.40
Other FTTT	14	92.9	30	99	83.21	0.20	16.93	18	94.4	65	96	85.94	0.10	8.67	22	95.4	58	99	84.41	0.11	9.02
School RTT	43	48.8	46	85	70.30	0.14	9.69	30	60.0	52	92	71.00	0.12	8.63	45	60.0	55	86	71.18	0.10	7.47
中药的形成																					
所有参试者	649	92.9	33	99	81.06	0.10	8.30	665	92.2	53	99	80.28	0.10	7.66	792	90.4	11	99	79.13	0.10	7.93
School FTTT	573	94.4	33	99	81.71	0.10	7.91	600	93.3	53	99	80.64	0.09	7.44	702	93.2	11	98	79.81	0.09	7.37
Other FTTT	36	88.9	46	94	79.94	0.12	9.93	35	91.4	64	94	80.69	0.10	8.08	42	81.0	38	99	78.19	0.14	11.04
School RTT	33	75.8	49	85	72.61	0.11	7.96	23	82.6	69	91	74.43	0.10	7.14	47	57.4	51	83	69.87	0.10	6.97
亚洲身体疗法																					
所有参试者	42	59.5	41	92	71.05	0.17	12.22								18	16.7	43	78	60.28	0.16	9.75
School FTTT	10	80.0	59	85	75.70	0.11	8.67								2	50.0	45	70	57.50	0.31	17.68
Other FTTT	29	55.2	41	92	70.00	0.19	12.94								10	20.0	43	78	62.20	0.15	9.37
School RTT	1	0.0	66	66	66.00										3	0.0	45	61	52.67	0.15	8.02

注释：

* 针灸和穴位点只为一个考试。

n= 参试人数。

School FTTT: 认证中医学校的初试者。

Other FTTT: 认证的中医学校、中医的意向学校、国外学校或实习学校。

School RTT: 认证中医学校的复试者。

机密和特权：本次沟通包含可能的信息仅供使用用者处理。个人信息根据适用法律，享有保密和免除其他披露的特权。如果您不是收件人，您将被禁止任何内容的披露、打印、复制、分发或使用。如果您意外收到信息，请通过电话或邮件通知发件人，然后永久销毁/删除通信记录。谢谢。

图 5-2 美国国家基准报告

项目绩效报告 2012 年 1 月 1 日—12 月 31 日

东方医药项目 #000567	针灸与穴位		生物医药		中国植物学		中药的形成	
	认证中医学校的初试考生	认证中医学校的复式考生	认证中医学校的初试考生	认证中医学校的复式考生	认证中医学校的初试考生	认证中医学校的复式考生	认证中医学校的初试考生	认证中医学校的复式考生
学生 1	54							
学生 2						76		
学生 3			89					
学生 4							76	
学生 5							61	
学生 6					80		86	
学生 7	75		54					
学生 8	72							
学校　#学生参试数量	3		2		1	1	3	
学校　平均	67.00		71.50				12.58	
学校　标准偏差	11.36		24.75				12.58	
学校　通过率（%）	66.7		50.0		100.0	100.0	66.7	
国家　#学生参试数量	1257	207	966	68	583	108	1305	95
国家　平均	77.78	73.01	78.42	69.40	78.94	69.88	79.76	71.35
国家　标准偏差	8.19	8.19	8.74	8.20	10.89	7.87	7.50	7.32
国家　通过率（%）	85.5	69.1	86.6	52.9	78.2	55.5	92.7	63.2

n=参试人数。

School FTTT：认证中医学校的初试者。

School RTT：认证中医学校的复试者。

机密种特权：本次沟通包含机密的信息仅供使用者处理。个人信息根据适用法律，享有保密和免除其他披露的信息的特权。如果您不是收件人，您将被禁止任何内容的披露、打印、分发或复制。如果您意外收到机密信息，请通过电话或邮件通知发件人，然后永久未久销毁 / 删除通信记录。谢谢。

图 5-3　特定项目绩效报告

情境分析是为了传递社团的战略规划过程而开展的调研，或是为了给董事会提供指导他们做出基于知识决策的客观数据。在《迈向成功的七个办法》[3]（该书中文版已由中国科学技术出版社出版）一书中，社团迈向成功的一个根本方法之一是持续运用数据驱动决策。卓越的社团已经研发了一整套收集信息、共享和分析数据流程，以及随后需要采取的行动的专业知识和技能。

某个社团可能正在考虑裁撤某一项目，如证书或认证项目。采集自申请人、现有证书持有人、雇员或将因拥有证书可能被雇用的人员的数据，能给社团带来一定程度潜在影响，为董事会做出是否裁撤该项目的明智决定提供支持（注：参见本章末尾附录中的案例研究）。

市场研究

市场研究作为内部研究的一个大类，应该为了确定一个新的产品或服务的需求而进行。在今天这种竞争性的市场中，采取"只要能制造出产品，就会有客户购买"的产品开发策略并不一定能成功。您需要在开发一个新的产品和服务之前进行市场分析。调查产品的潜在客户、其他可能受益于持有"认证证书"或证明有卓越表现的专业人士的机构，对他们的调查对于确定该产品潜在接受度和价值是十分重要的。一旦产品推出并持续制造，确保证书仍然能满足顾客（比如，通过认证的证书持有者等人）的需求是至关重要的。开展项目产品用户的定期调查，对于确定未来需求和将来是保留或者裁撤该产品是不可或缺的。

准备研究计划

就像您的旅行需要旅行计划一样，社团管理者需要准备一个关于目标和如何完成路线图。这与去远足钓鱼不同，钓鱼时您只需要放长线，然后静静等待，就有可能抓到大鱼。然而，项目经理无法在没有详细规划的情况下开展项目；研究人员也不会在没有制定研究计划的情况下开始项目研究。如前文所述，社团应该有一个明确的研究计划，每个研究都应该努力与组织的使命、愿景、价值观、战略和目标联系起来。

每个研究项目都应该有一个全面周到的规划过程。作为非营利组织的员工，在开展具体研究项目之前，您必须做出两个重要的决定。首先，您必须决定您想要学到什么，以及您为什么要进行这项研究。这将有助于您确定您的实际研究问题或其他问题。例如，您是否通过需求评估研究来确定在您的会员中是否有某个计划或服务的市场？或者您想扩大会员数量，并且需要进行市场和成本分析，以确定一些特定人群是否对您社团的服务感兴趣，如果情况是这样，扩大会员数量的成本是多少？作为您研究分析的成果，这些都是您需要回答的研究问题。

其次，您需要决定如何找到您的答案。换句话说，您的研究方法是什么？这是非常关键的一步，因为研究方法是整体研究计划的蓝图。这个步骤应该包括抽样方法，它决定了确定调查对象、设计调查问卷、计划时间轴或进程表、员工和财政资源的预算、谁是您的中坚力量——也就是谁会支持您的计划[4]。在社团中，这通常意味着委员会和/或董事会的批准，批准可能意味着工作人员必须有足够的时间让这些计划通过审查。例如，NCCAOM 依赖其研究委员会来开发和批准用于评估特定群体的调查，这往往需要志愿者委员会投入更多的时间和精力。基于这一事实，员工因此延长了该委员会制定和批准调查问卷所需的时间。

一旦知道了研究项目"做什么"和"如何做"，就可以撰写出项目申请报告。项目计划还应包括如何分析数据、谁来分析以及如何或以什么方式传播研究成果。一些社团发现把与会员分享发现或分析当作会员福利有利于社团发展，然而在有些情况下，研究成果可能包含来自会员学校的学生的考试成绩报告等类似的保密信息或专有信息，这就需要社团谨慎对待。当然，研究计划的各部分内容一旦确定下来，只有坚定不移地实施计划才能实现预期目标。

研究计划步骤

如图 4 所示，研究计划的第一步是确定一个需要研究的问题，这是制订

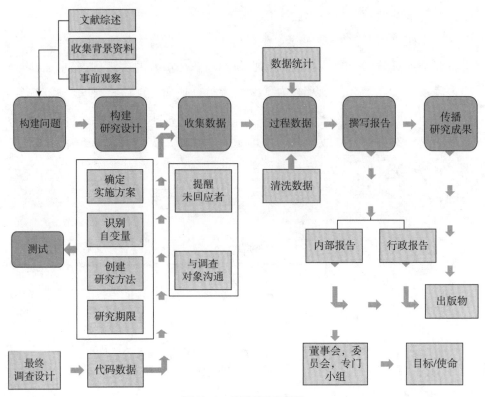

图 5-4　研究项目流程

研究计划最重要的一步。在缩小研究问题之前，最为重要的是您必须对您要研究的主题或问题有基本的了解。在一项研究计划中，这些都是背景信息。一般情况下，负责制定研究计划或申请的人通常对所要进行的研究主题有一定的了解，但他们也在决定具体问题或提出假设之前进行文献综述或收集有关该问题已发布的信息，或向目标受众说清楚你们想要研究的问题。您的研究问题越具体和明晰，您的研究计划就越容易通过。例如，某认证社团是否会继续一个资格证书被取消的认证项目等类似的问题，就是一个很好的"研究问题或假设"的范例。

一旦研究问题确定下来，并且其内涵和外延得到明确的阐述，下一步就是决定该研究的方法。研究方法既可以是定性的，也可是定量的。定性研究是指，研究人员描述的某些特殊现象是运用结构化访谈，对目标群体较小样本采集的数据，或者只是一段时间内观察所获取的数据。在社团领域，往往定性研究是为了了解会员的需求和他们职业组织的需求。这种研究，虽然结构性不强，但是可以有助于了解问题。例如，社团可以提供什么产品或服务？如果社团正在考虑制定新政策或对现有政策进行大幅度调整，而这些改变都会对社团代表的各利益相关者产生重大影响，在启动新的深入研究项目之前，采用定性研究方法就会很恰当，定性研究可以给社团决定修改或放弃修改政策提供明确的参考。定性研究也能帮助弄清特定问题的架构或确定随后进行的定量研究的问题。在确定研究工具（即一系列问题或确定的研究变量）之前运用定性研究的特定案例是开展职业分析研究。通常，如果某个职业是一个全新的且是一个新兴学科，研究人员一般先通过观察该职业专业人士在各种服务场所的表现形成一份研究报告，其资料可能仅仅来自调查人员对该职业专业人士日常工作的观察。

研究人员可以仅仅采用观察或访谈，也可以把观察和访谈结合起来，通过结构式访谈获取该职业专业人士对其日常工作任务频率的数据，然后将从国家不同地区、不同服务场所和不同规模场所的从业者的代表性样本中收集的定性数据整理为研究报告。为了能够更准确地界定该职业，研究报告所包括的该职业的一系列工作任务和相关能力，都会被当作选择定量研究工具的重要依据。

定量研究是更加结构化的方法，定量研究的所有内容（目标、设计、样本，甚至问卷）都是预先确定好的。定量研究方法更适合于明确某一问题、议题或现象的程度，而定性研究则是探讨其本质[5]。例如，对于某个社团工作人员服务满意度的调查，若将其满意度级差设为 $1 \sim 5$，这就是一个典型的定量研究。

当社团为了开展基准研究而不得不比较绩效或不同时段的测量时，定量研究就变得非常有用了。每两年进行一次的"美国国家针灸与东方医学认证委员会认证医师满意度调查"，就采用量化调查方法测量员工的绩效，并将结果与前几年进行比较，来明确已经做出改善或需要做出改进的方面。满意度调查的影响力在于它采用了定性和定量相结合的研究方法，社团不仅可以通过测量和比较定量数据来确定其优势和弱点的所在，而且还可以运用征求意见和建议等的定性数据来提高服务水平和收集会员的反馈。混合或组合的研究方法可以在很多方面满足社团的研究需求，同时这也被证明是非常有益的，因为它很好地代表了不同的价值取向。

某些利益相关者或会员可能会发现某些类型的措施或证据比其他类型更可信[6]。例如，在某些情况下，项目小组研究的分析会提升研究的多样性，定量调查会增加研究的有效性。综合使用这两种方法开展研究，将会使得研究能够满足更多受众的需求。作为研究者，无论您决定进行定性研究还是定量研究，或者两者结合，您都必须决定调查方式（在线调查、纸质版问卷调查、电话调查等方式），并确定自变量（调查对象细分——会员与非会员、认证与非认证、女性与男性等）。这个步骤被称作构建研究设计，所有调查问题的构建和测试也都是这个步骤的工作内容。

接下来，我们就进入数据收集阶段。首先最重要的是要通知您的调查目标群体。让他们知道您为什么希望他们参与调查，您的告知可以为他们提供参与的动机，例如他们的意见可以被添加在社团的电子图表中，他们的意见对整个研究甚至整个行业不可或缺。通过这个事前通知，您可以引起人们对调查的兴趣，在一定程度上会有利于增加调查对象的数量。

当实施调查（收集数据）的时候，请务必让调查对象了解完成调查所需的预计时间、有关实际调查工具的任何具体信息，以及所收集的所有信息的汇总将用于总的研究报告，并且所有的调查信息都是匿名和保密的。

数据收集阶段结束后，调研就进入了数据分析阶段。有关此主题的更多信息将在本书后面的章节中介绍。统计方案的选择、消除异常值或去掉两个或多个因变量（即数据类别，例如实践类型、年龄组、族群）的工作是这个研究步骤（处理数据）的主要工作。例如，如果调查对象对于具体的问题选择"不回答"，研究人员可以选择从实际调查对象中删除该调查样本，这个过程也被称为"数据清洗"。研究人员必须能够检测调查对象不能准确理解的调查问题，并以此为基础进行数据清洗以获得"干净"数据。例如可能会出现调查数据的统计结果和定性研究报告的数据大相径庭的情况，本来我们以数值 1（最好或极好）到 5（最糟或不可接受）的级差来了解社团职员对会员工作的了解程度（虽然与其他同类社团相比我们已经做得很好了），但是调查对象可能给社团职员对其工作了解程度的打分是 5 而不是 1。

当完成所有数据的"清洗"和分析之后，就应该准备撰写内部书面报告（内部报告和执行摘要）了。然后研究人员或研究团队就会集体讨论调查结果，得出一些结论并提出可能的建议。随后内部书面报告就会拿给相关志愿者委员会和／或董事会审阅，让他们在撰写对外报告——以专题报告或公开出版物形式发布之前，提供一些补充建议和意见。

研究计划评估

当一项研究计划执行完毕，研究成果的最终报告公开发布之后，研究人员或团队应撰写一份研究项目评估的内部文件，总结做得完美的方面、下次可以做出改进的方面以及一些改变、添加、删除等的建议。在项目完成之后拿出专门的时间回顾一下，就可以检验该项目能在多大程度上为 CEO 的各种目标做出多少贡献，或项目如何为决策提供支撑。

有效的研究计划可以改善组织监测、绩效和政策，也可以为问题的解决提供新知识和思维方式。研究是推动社团发展、引领社团走向卓越的有效路径。

本章小结

本章重点介绍了如何进行研究和开展研究项目所需的步骤。本书后面的章节将重点关注研究项目的实际规划和实施，并为研究初学者提供有关进行社团研究项目的最佳实践指南。

自我省察的五个问题

1. 外部研究和内部研究的例子有哪些?

2. 数据挖掘如何有利于您的社团?

3. 制订研究计划涉及哪些步骤?

4. 你会邀请谁参与研究计划的制订?

5. 评估研究计划让您获得了何种收益?

本章作者

柯里·沃德－库克博士，注册社团管理师。自 1998 年从事社团领域工作，现任美国佛罗里达州杰克逊维尔市美国国家针灸与东方医学认证委员会首席执行官，此前任美国临床病例协会高级副总裁、美国临床病例协会注册委员会执行理事。

在其此前作为俄亥俄州立大学教员和社团管理者的职业生涯中，他组织并实施了大量的有关临床、雇员和社团相关的项目。

米娜·拉尔森，工商管理硕士。自 2003 年进入社团管理领域，现任美国佛罗里达州杰克逊维尔市美国国家针灸与东方医学认证委员会副主任，前加州州长彼得·威尔逊行政办公室职员。

参考文献

［1］Sherman, M. "Research and Statistics." In John B.Cox (Ed.), *Professional Practices in Association Management*, 2nd edition (pp. 173–186).

［2］Bureau of Labor and Statistics: O*NET Online. Bureau of Labor and Statistics: O*NET Online. http://www.onetonline.org/link/summary/29–

1199.01. (Retrieved on June 10, 2013.)

[3] *Seven Measures of Success: What Remarkable Associations Do That Others Don't.* Washington, DC: American Society of Association Executives, 2006, 2012.

[4] Sherman, op. cit, pp. 173–186.

[5] Kumar, R. *Research Methodology: A Step-by-Step Guide for Beginners*, 2nd ed. (pp. 15–26) Thousand Oaks, CA: Sage Publications, 2005.

[6] Fitzpatrick, J. L., Sanders, J. R., & Worthen, B. R. *Program Evaluation: Alternative Approaches and Practical Guidelines*, 4th ed. Upper Saddle River, NJ: Pearson Education, 2001.

附　录

案例研究

　　许多社团会面临着开发、中止抑或继续某服务、产品或项目的决定，当然，类似决策绝不能轻易或任意做出。因为这种决策可能会影响到许多人的生活以及社团的稳定和完整性。因此，在做出此类的决策之前，要针对利益相关者开展大量的内部和外部研究，以避免出现失误。外部研究最常用的研究类型就是情境分析，它是社团用来评估开发、推广还是中止某产品、服务或项目的最强大和最有用的工具之一。情境分析是社团管理者可用于分析社团内部和外部环境，以了解其自身能力、客户和业务环境的方法的集合，它能影响到社团的业绩和战略选择。[1]社团能从情景分析过程中获得利益相关者的反馈意见，并以此为依据，做出符合社团和服务对象利益的决策。

　　此种类型认证协会的案例中，一般都存在着一个特定的认证项目需求及对社团所提供认证服务的需求。如国家配件制造认证机构，尽管他们多次尝试扩大对获得某一认证感兴趣的会员数量，可是这一认证的影响力还是在持续下降。与其他认证项目不一样的是，这个特定认证项目开始以来就没经历过增长，也没有内部或外部的鼓励个人进入这个职业的推广方案。虽然服务于这个职业的领导者和专业社团针对这一问题多次进行协商与研讨，也在媒体上推广过该项目，甚至开展了一次市场分析，但是该认证项目依然没有增长。于是，该认证社团的董事会要求员工进行情境分析，来确认是继续还是中止该项目。他们面临的具体情形是，虽然以个人名义报名参加该认证考试的人数稳步下滑，但是还是有一些团体积极地支持该认证，该认证项目是继续还是被中止，完全取决于利益相关者的意见。

于是，该认证社团开始大量收集利益相关方的意见，利益相关方包括所有开展这一项目的机构和学校以及经该认证项目获得认证的个人。社团通过电子邮件发送和在社团网站上发布等方式开展了定量和定性调查。经过历时一个多月的调查，整理后的调查结果被分享给该认证社团的利益相关者、社团的董事会和工作人员。随后该社团组织了来自职业人员、教育工作者、从业人员以及其他对这一认证有极大兴趣的社区领导人等主要领导人代表进行了为期两天的会议。会议期间，社团就该认证项目的活力、是否有消费者的需求以及该职业是否具备其他类型认证的潜质等方面广泛地征求了与会代表的意见。

在认证专家和经验丰富的小组协调员协助下，与会者运用SWOT矩阵和其他研究工具开展情境分析，以判断该认证项目是否有能力在当前和未来的环境下生存，结果显示该会议取得了圆满成功，因为该认证社团通过此次会议，很好地收集到了能够让他们做出中止该项目决策所需的数据。该社团编写并发布了项目中止概要，该概要详细说明了做出该项目中止决定的背景和分析过程根据环境评估（或环境监测）过程和开展情境分析所收集的数据，该认证社团做出的中止某认证的明智决定，获得了认证利益相关者的支持。

参考文献

[1] Lee, L. & Hayes, D. *Creating a Marketing Plan.* American Marketing Association, April, 2007.

第六章　调查方法和数据收集

章节概要

前一章我们讨论了利用研究计划指导项目的重要性，并强调了定性研究与定量研究的差别。本章将概述一些在做研究时的主要决策，我们将介绍数据收集的方法，其中重点介绍调查方法，其次是方法开发、调查对象的确定与招募以及回应率解读。

学习目标

本章节结束，读者能够鉴别、描述、或定义：

- 收集样本数据的三个方法；
- 四种类型的问卷；
- 可靠性与有效性的区别；
- 抽样架构的含义；
- 回应率的计算方法。

传统纸笔调查

向个人或组织发送信件是收集数据的传统调查方式。即使由于打印、邮寄和数据录入等费用逐渐提高，导致信件调查方式成本昂贵，但发送信件一直是回应率最高的调查模式。[1]

网络调查

虽然寄送信件的调查方法有其优点，例如大多数人都有通信地址，但是网络调查已经成为收集信息更为流行的手段。至于流行的原因，首先是现在很多人都可以使用互联网，同时网络调查成本也相对要低。除此之外，网络调查可以在短时间内收集数据并获得结果。现在有很多网络调查软件可供大家使用，许多都很便宜，甚至有些软件是免费的。网络调查方法网（http://www.websm.org）会为大家提供许多有用的软件安装包。还可以为大家提供现有的模板和示例问题，使调查设计过程更容易。

电话调查

您可能曾有过参加电话调查的经历。这类研究通常外包给拥有 CATI 系统（计算机辅助电话调查系统）的公司。工作人员经过培训，通过电话进行调查询问并将参与者的回答记录到数据库中。虽然电话调查往往成本较高，但它可以通过设定采访数量完成限额等方式以实现较高的回应率。更重要的是电话调查可以考虑你预期调查的人数，这样就能确保被调查的各组中都有一定的回应量（稍后详述）。如果调查样本比较小、内容不太复杂，电话调查可能对你更适用。

焦点小组和访谈

包括焦点座谈的个人访谈或团体访谈都可以作为收集数据的场所。访谈者按照准备好的脚本进行访谈，并记录参与者的反馈。您可以通过研究机构访谈，或者在年度会议上进行一对一访谈，甚至还可以虚拟进行。除非进行大量的访谈，否则收集到的数据往往更具有特定性质。

观察性研究

观察个人的行为可以发现有用信息。比如，您可以用这种研究方法来评估您的协会网站。通过邀请会员在网站上搜索去发现一些内容，而其他人（例如"研究人员"）可以查看他们的浏览历史，记录他们停留的网页，观察他们的情绪（例如疑惑），等等。如果很多人对同一个点或同一网页有疑问，这可能就是网站要改进的地方。

文献检索

我们还可以从现有的纸质或电子文件里收集信息。对登记数据的审查可以帮助您确定专业化的产品在发展过程中获得最高关注量的年份。网页浏览量可以反映出该网站最受欢迎的版块，而评论与建议箱可以集中反映不满之处。在寻求答案时，识别和审查现有信息是一个很好的方法。

最新的方法

短信投票是一种新兴的调查方法，尤其对实时项目的评估特别有效。例如，可以在会议移动应用中嵌入短信投票，进行现场"绿色调查"。另一种相对较新的数据收集方法是众包。众包通常是指在各类社交媒体网站上发布一个问题，邀请多人参与。众多公司正在使用众包来收集拟开发或已有产品的市场研究数据。同样，社团也可以使用众包来收集成员的投票和意见。

影响您使用何种模式的因素有很多，例如您所拥有的资源、接触预期调查对象的方式、时间安排、所需信息的类型等。通常根据要收集数据的不同深度选用不同模式，例如，信件或网络调查可以统计成员的满意度，而采访或焦点小组却可以发现他们满意或不满意的原因。本章的余下部分将重点介绍一项调查方法的发展（即电话采访与焦点小组做对比），因为这仍然是一些协会最常用的数据收集方法。

调查方法的开发

设计一种调查方法既是一门艺术也是一门科学。制作者既要遵循一些经验法则，同时也要具备一定的创造力和定制能力。有关设计调查方法时需要考虑的一些问题，请参见表 6-1。

表 6-1　设计调查方法时要考虑的问题

- 其他地方的信息是可用的吗？如果您的数据库中已提供了相关信息，请不要再重复问参与者出席了您的哪场年度学术会议。
- 参与者是否有获取所需信息的渠道？不要指望参与者对一年的专业费用进行评估，以提供对调查问题的回答。这是不可能的。
- 提供这些信息是否有必要？不要让您或参与者的时间浪费在"可以了解"的问题上，而是要涉及一些"需要了解"的信息。
- 您准备运用这些信息采取行动了吗？除非您准备好提供新的项目或服务，否则不必要求参与者为此投入精力。

如果您是第一次进行问题调查，记住您并不需要单兵作战，您可以考虑利用外部资源。例如美国人口调查局公布的 2010 年美国人口普查数据可以在人口统计相关的问题上提供帮助（种族、民族等）（访问 http://www.census.gov/2010census 浏览数据）。康奈尔大学社会经济研究所提供了一个比较全面的民意调查清单（http://ciser.cornell.edu/info/polls.shtml），您可以将其与成员的意见调查结果进行比对。美国社团管理者协会基金会赞助了几项研究，包括"参与决定"项目与"参与志愿"项目，这些都为我们调查提供了大量与其关联的参照标准（http://www.asaecenter.org/Resources/content.cfm?ItemNumber=24845&navItemNumber=51884）。

这些指标通常能与其他的人口调查相互印证，并且有些数据可以为您的调查结果提供参考（例如，将社团会员的种族及民族在美国成年人口的统计中进行比对）。值得注意的是，所有的会员、工作人员、会议信息、通信内容等其他调查样本都可以在美国社团管理者协会的网站（http://www.asaecenter.org/index.cfm.）上找到。

问题类型

计量尺度定义 [2]

- **二分计量**——两个答案只能选一个的类别变量，例如通过或失败。
- **定类计量**——不分顺序或主次，以数字代表名称的测量尺度（例如通过 =1，失败 =2）。
- **定序计量**——将变量以一定的顺序排列的测量方式。
- **累积计量（格特曼量表）**——一组选项，调查对象可以从中选择所有适用项，算出总得分（例如累积绩点）。
- **定距计量**——使得任意两个相邻的测量单位（或"间隔"）之间的距离相等，以此描述变量，但不存在基准 0 值（例如华氏温度标度）。

这里的问题类型有几个主要的分类。二分计量提出必须在两个选项中选一个，是或者否，同意或者不同意。这种类型的问题没有"不知道"或"不确定"之类的答案。

程度测量问题要求调查对象选择定类计量或者定序计量方式。定类计量中有一系列的可选项，各选项所指定的编号没有实际含义，例如调查大家希望在几月开会，1 代表一月，2 代表三月，3 代表六月。定序计量则是将一月、三月、六月按顺序排列，1 表示第一个选择，2 表示第二个选择。

累积计量（格特曼量表）允许调查对象做多重选择（例如核对所有适用选项）。间隔尺度，例如李克特量表，让调查对象在一个标尺里选择，例如 1 代表完全不同意，2 代表不完全同意，3 代表中立，4 代表有些同意，5 代表非常同意。最后，开放式或填空式的问题允许调查对象填写自己的答案或评论。以下是有关调查量表的示例。

调查问题的措辞对于研究也是至关重要的。如果您想自己设计问题，请参阅表 6-2 问题设计指南。

调查样本示例

质量：

- 差
- 一般
- 好
- 非常好

认同程度：

- 坚决反对
- 不完全同意
- 中立
- 不完全反对
- 坚决同意

频率：

- 从不
- 偶尔
- 每月
- 每星期
- 每天

熟悉度

- 从未听说过
- 听说过，但不了解
- 知道一些
- 非常了解

表 6-2　问题设计指南

- 使你的问题简洁明了。

- 避免一题中出现双重问题。一次测量或询问一个观点。如果调查对象被问及"时事通信实用性和时效性如何？"他们可能会从两个方面阐述时事通信的实用性和时效性。

- 不要问一些诱导性问题或提供一些诱导性选项。例如问调查对象"难道你不同意这个社团正在步入正轨吗？"这样明显是在请求调查对象的同意。

- 谨慎使用行业术语、首字母缩略词、缩写词等，并不是所有人都熟悉它们。

- 有简短的定义和解释是必要的。如果您所在的领域出现了一种新趋势（例如"跨专业合作"），用专业术语描述一两句，以便让所有调查对象能够理解。

- 为调查对象的回答提供足够的信息（例如询问"你参加了多少专业发展课程？"与询问"你去年参加了多少专业发展课程？"所得到的回复会很不一样）。

- 注意不完整或不自相矛盾的选项。如果问人们多久访问一次您的网站，尽量选择一些不连续的时间间隔（例如，"上个月 / 过去半年 / 去年至少有一次"对比回答"上个月 / 近几个月 / 过去半年看过"）。

- 整个过程中保持衡量值前后意义一致。例如，如果要在项目中使用 5 分制来衡量人们的感兴趣程度，一定要在整个调查中确保 1 都表示最低分，5 都表示最高分。当然同一份调查的其他的程度相关的问题也要遵循此规定（例如在上述调查问卷中还询问人们对该社团的满意度，一定要确保 1 表示一点也不满意，5 表示非常满意）。

- 问一些具有"目的性"的问题时一定要注意。例如：询问调查对象愿意花多少钱购买某商品，或者问他们有多大可能参加一些对他们来说没有实际效用的活动。

调查问卷长度

调查问卷设计中一个最重要的因素是问卷的长度。作为调查对象的会员的时间是非常宝贵的，因此，您需要努力整理出全面、简洁的数据，可能您能从不同组别的会员处（例如那些给出低评分的人群）得到更详细的信息，可能您的会员最多愿意花五分钟时间来回应网络调查，所以请记住，问卷长度直接影响回应率，您不必在一次调查中列出想要调查的每一个问题。制订一个研究计划，每一年或两年更换问题，或在一年内发放一些简短的调查。

如果采用网络调查，通常会植入"跳转模式"，系统会根据调查对象之前问题的回答自动跳转，跳过一些具体的问题。通过这种方法也能减轻受访者的负担。

测　试

如果您已经为您的研究设计好了调查问卷，您可以在实施前先请一些人做测试，以此得到一些重要启示。您可以将样卷发给少数随机抽取的目标群体、一小部分同事，或者将其变成一项专门的志愿活动。测试经常会揭露调查方法的"不足之处"，并且有机会在实际调查之前发现一些错误和有误解的地方。然而测试往往被人们忽视，因此，我们强烈建议您把测试纳入您的研究计划之中。[3]

使您的数据更可信（信度和效度）

在不同机构调查同一数据时，保证调查方法的可靠性是必要的。例如，我们认为尺子或卷尺都是可靠的测量工具，是因为不论是何人在何种情况下使用尺子或卷尺测量都会得到几乎一样的结果。因为采用何种调查方法直接决定了数据信度和效度，所以调查方法对于数据的可信度至关重要。例如，如果您要设计一套问题来了解成员对您公司形象的看法，那么您如何知道这些问题能够产生有效的结果呢？预先测试可以帮助确保问题清晰明了，并提供可靠和有效的信息。

确定您的调查对象

选择调查对象的首要步骤之一是确定您的抽样单位——您想要调查谁？或者说想要调查什么？对于个体会员社团来说，它通常针对个人，而贸易协会可能对公司或组织更感兴趣。一些协会的分会，地区办公室 / 工厂或非会员等其他团体也可能对您的调查很感兴趣。

选择调查对象还要考虑抽样结构——这需要从您所选择的样本中进行选择。它可能是会员数据库、采购清单或政府资源，但是它很少指个人。如果没有检查或提前考虑抽样结构的漏洞，那么在实际项目调查中可能会出现偏差。例如，满意度调查可以将电子邮件发送给您会员数据库中的每个人，但如果只有 1/3 的会员拥有可用的电子邮件地址，那么其他 2/3 的会员将无法发表意见。此外，拥有电子邮件地址的可能主要是年轻成员，因此，结果将不会反映全体会员的意见，尤其是年纪稍长的人群。

在大多数情况下，进行问卷调查首先考虑将其发送给所有个人或组织会员。有时候这是必要且适当的，但更多时候随机抽样调查就能收集足够的信息。在随机样本中，抽样结构中的每个人都有均等的机会参与调查。在调查中加入相关的

> 在不同机构测量同一数据时，保证调查方法的可靠性是必要的。因为调查方法要精准测量需要的数据，所以有效性也十分重要。预先测试可以帮助确保问题清晰明了，并提供可靠和有效的信息。

人口统计问题（例如，个人工作背景、年龄或出生年份、组织预算），您可以使用比较简单的统计程序来"优化"数据，让它反映整个人口的状况。抽样调查可以降低项目成本，更重要的是，如果一年内需要对您的成员做大量调查，抽样调查能够减轻调查压力。关于如何确定一个合理的样本所需要的个人与组织的数量，我们在此提供一些易于使用的在线计算器（http://www.surveysystem.com/sscalc.htm）和表格（http://www.research-advisors.com/tools/SampleSize.htm）来帮助您解决这一问题。

当选择随机样本时，有必要将样本进行二次分类；也就是说，要根据具体变量（如国家地区、就业背景或组织规模）对调查对象进行二次分类。而较小的群体可能需要重复取样才能确保足够的回应率。

一些网络调查软件可以将调查链接发布在网站上。调查对象可以点击"进入"参与调查。在这种情况下，样本一般不具代表性。对某些问题有强烈意见的人会更倾向于回应这类调查。选择性参与调查可以与抽样调查配合使用，以使选定群体以外的人有机会参与调查。

招募调查对象

仅仅发给他人一个调查问卷并不意味着他们必然会做出回应。如何让更多的人愿意参与您的调查？一种已经过验证且有效的方法是，通过电子邮件、信件、明信片等向目标对象或其设定对象预先沟通，以此提高回应率。请求他们参与，产生共鸣是至关重要的。要让他们知道做什么，告诉他们研究的目的以及将如何处理收集的信息。这会决定是否要启动新的协会项目吗？收集的答复是否能预示社团的战略方向呢？调查的另一个重要的方面是预估完成调查所需的时间。尽量将完成时间降至最低，最多五到十分钟。

您也可以考虑使用奖励机制来提高人们的参与度。尽管这并不是必要的，但它们可以成为一种有效的方法。对会后评估来说，免费注册参与明年的会议可能是个合适的奖励。除此之外，社团产品服务折扣、代金券礼品卡或技术小礼品均可作为奖励。可以从报名参选的参与者中随机抽签，因为各州法律不尽相同，所以在抽签时，与你的法律顾问核对适当的措辞和指导方针可能会有所帮助。有社团发现，使用提前奖励——这个案例使用了贴纸作为调查方法之一——都增加了学校会员的回应率。将调查项目与游戏相结合是另一种趋势，通过在收集数据的过程中增加乐趣与参与度，以此鼓励更多人参与。调查对象可以通过完成调查获得积分，然后兑换奖励。飞行里程累积项目和客户忠诚度项目就属于游戏化策略。

回应率

您当然希望参与调查的每个人都能够做出回应，但事实上回应率一般不会是100%。将完成问卷调查的人数除以收到问卷的总人数就是回应率。例如，如果将问卷发送给1294名成员，有731人做出回应，则回应率为56.5%（731/1294）。

回应率受调查主题、目标对象、调查方法、难度、实施时间（如暑假时间）、后续策略、激励措施、调查模式等因素影响。这些年来，调查回应率有所下降，因为大多数人淹没于各种信息与个人隐私的索取和竞争当中。不过，现在我们的调查仍然可能达到70%～80%的回应率（例如不断跟进的邮件调查），但是使用网络调查往往会得到较低的回应率（可能只有10%～20%）。[4]

当回应率低于50%时，结论的做出要十分审慎。因为你只收到一半的回复，而另一半人可能有着截然不同的意见、观点或看法。有一种方法可以确定调查对象的代表性，那就是比对调查对象和全体目标人群的关键人口数据和组织变量。如果调查对象的人口统计数据或组织变量与目标人群一致，那么您所得到的数据会更可信。

本章小结

　　如本章所述，启动调查项目时需要考虑许多因素。您的预期结果、资源和时间安排决定了预期信息类型，方法设计，目标对象和实施计划。制订计划是调查过程中一个重要组成部分。下一章将会介绍数据收集的后续工作——分析与解读调查数据。

自我省察的五个问题

　　1. 选择数据收集模式时应考虑哪些因素？

　　2. 在选择调查样本时需要考虑哪些方面？

　　3. 设计问题有哪些经验法则？

　　4. 为什么试测是方法改良阶段中的一个重要步骤？

　　5. 如何增强调查结果的可信度？

本章作者

　　切尔西·基拉姆，美国社团管理者协会基金会科学项目与研究开发副主任，主要负责该基金会产业研究计划的开发与执行。

　　莎拉·斯莱特，美国马里兰州罗克维尔语言听力协会（ASHA）调查与分析主任。1986年开始从事协会工作，负责监督马里兰州罗克维尔语言听力协会的数据收集工作，包括开发、实施、分析并报告1996年以来所有协会项目的评估、调查和其他数据收集工作。

参考文献

[1] Shih, T-H. & Fan, X. "Comparing Response Rates from Web and Mail Surveys: A Meta-Analysis," *Field Methods*, August 2008, 20(3):249–271. doi: 10.1177/1525822X08317085.

[2] Vogt, W. P. *Dictionary of Statistics and Methodology: A Nontechnical Guide for the Social Sciences.* Thousand Oaks, California: Sage Publications, Inc., 1999.

[3] Pew Research Center for the People and the Press. "Pilot Tests and Focus Groups." Last modified April 25, 2013. http://www.people-press.org/methodology/questionnaire-design/pilot-tests-and-focus-groups.

[4] Fricker, Jr., R. D. & Schonlau, M. "Advantages and Disadvantages of Internet Research Surveys: Evidence from the Literature." *Field Methods*, November, 2002, 14(4): 347–367. doi: 10.1177/152582202237725.

第七章 数据分析与解读

章节概要

我们在本书的前部分内容讨论了调查工具的发展和实地调查的过程。本章将向读者介绍为实现研究目的，应如何分析和解读调查数据。我们的目标是讨论出最佳实践方法，帮助研究人员避免常见的陷阱和错误，进而取得令人信服的分析结果。

首先，我们要讨论如何进行数据收集和统计分析，以此制定一个周密且系统的方法进行数据分析。然后再讨论一些简单的统计方法，方便在调查数据里提取易于理解的解释，便于分析调查中的定量数据与定性数据，将数据可视化，使其易于解读，方便显示数据来源，便于研究人员使用合理的工具来分析与呈现数据。

在本章的结尾部分，我们将描述如何解读统计分析的结果，并列举出调查中固有的常见陷阱与错误。

学习目标

学完本章，读者应该能够识别、描述或定义：

- 如何制订统计分析计划，并用周密系统的方法分析数据；
- 总结常用的简单统计方法，方便从调查数据中提取易于理解的解释；
- 频率分布和误差统计量是确定统计结果是否精确和可靠的基本工具；
- 如何最大效用地展现数据，包括利用图表的形式呈现；
- 在哪里获得帮助：研究人员用来分析和呈现数据的资源和工具；
- 影响调查结果的各种潜在错误和常见陷阱，采取正确合理的措施，来减少此类错误并获取调查结果的恰当解读。

引　言

以任何方式涉及或影响个人或组织的新想法、挑战或选择总是会引发一些问题，为此我们需要做出相应的决定并采取相应的行动，而这要求我们收集并分析所有问题的回答，告知会员做出正确的决定并采取有效的措施。通过一个不断变化和未知的世界向协会成员和其他利益相关者提供信息和指导，使其增长见闻，这对任何社团而言都是至关重要的使命。观察预测这些变化、衡量其风险是本章的第一个难点。评估如何回答重要的问题是本章的第二个难点，这也是本章的主要内容；第三个难点是如何规划调查的路径——从提出问题到收集、分析新信息再到公布研究成果，例如回答问题。

如果决策者不仔细制订调查计划，他们的努力可能不会达到预想的目标，甚至会更糟糕，其结果可能会带有偏见性或误导性，如此就浪费了宝贵的资源。本章的目标是向大家展示如何奠定调查研究的基础，即好的研究应该是整合最少的稀缺资源为原本的研究问题提供出有用、精确、可靠的回答。

　　这里有一些潜在的问题——也许是一闪而过的想法——可能需要进行充分、客观的调查研究后才能够解决。

- 一个社团已经确定了五个问题，相信社团会员明年一定会表现得更加积极向上。哪些问题对不同级别的社团会员来说是最重要的？
- 如何比较某社团男性会员和女性会员的薪酬多少、任期长短和对未来发展机会的期望值大小？
- 与其他社团相比，CEO 或总裁的薪酬如何？
- 社团会员如何评价每年举办的展销会 / 商务会展 / 贸易会议？社团将如何改善明年的活动？
- 为什么近年来社团会员人数不断下降？
- 社团会员的满意度如何？社团提供的产品和服务中，具体哪些方面可以"驱动"或影响会员对社团的整体满意度？换言之，社团应采用何种方法来提高会员满意度，进而减少会员流失？
- 美国国会曾针对特定市场中由企业提供的某些涉嫌不正当行为的服务举行听证。一些社团会员试图以立法的方式——"法案"来彻底解决这种不正当行为。面对这种情况，社团应该站在何种立场上？又该采取何种应对措施？
- 毋庸置疑，读者还可以添加更多的问题。虽然还有其他方式可以收集所需信息，并回答这些问题 [①]，但本章的重点在于调查研究，这是最实际、最有效的，有时也是最需要技术支持的方法之一。

　　在本书的前几章中，我们阐述了能用于回答调查结果的几种不同类型的信息。如果您的社团发现了一些重大问题，则需要对这些问题做出回应，确立目标，并确定调查时收集所需信息的最行之有效的方式。社团在设计和执行新研究计划或新项目中又需要做什么呢？

---

① 除调研这种方式外，社团还可以通过组织赞助商大会、利益相关者会议、搜集文献（例如，学术论文、其他调查报告、媒体报道）、咨询联系人或领域专家等其他方式搜集数据。

数据分析：寻求调查结果的常见方法

数据收集和分析计划

一旦确定了研究人员、研究的首要任务、研究的具体目标和研究范围，研究人员则需联同关键决策人和其他利益相关方，共同制订出详尽的、架构严密的数据收集及分析计划。

如第五章所述，以下将会进行全面阐述：

- **我们需要了解研究的背景，设定研究的总目标**。也就是说，为什么需要进行此项研究？如果方便的话，可以解释一下这个研究是如何支持与补充其他相关研究，例如它是否是一系列后续研究的部分研究，抑或是多年前的跟踪研究。

- **确定具体的研究目标**。具体来说，为了保证研究的效度与信度而必须对假设进行检验（即必须根据正式的标准来回答问题）。这些目标还将包括具体采取的措施，例如对全体成员和具体到部门的会员进行成员满意度衡量。

- **必须收集的数据及其收集的方式方法**（例如，电话访谈、在线调查等，详见第六章）。本章还将概述数据收集的执行步骤，包括：

  - ◆ 如果有必要的话，设计数据收集工具或将问卷具体化，设置跳转模式和改变数据收集工具。

  - ◆ 样本抽取：

    ——为了达到预期关键评估所要求的精准度，需要设计多少份调查？

    ——调查样本是否为简单随机抽取的样本，是否要对样本进行分层，以便对特定层级或整体中的部分进行采样，以确保样本能充分代表关键子群体和阶层的看法。

    ——抽样是否涉及"集群"（如果要涉及分层或集群，统计员需要把"设计效果"纳入考量，以正确评估统计数据的精准度）。

——如何从样本框架中精准地选择调查对象以及如何联络他们。

◆ 数据收集和验证方法，包括保密措施。

◆ 运用周密的安全措施对数据存储和归档，保障数据安全。

◆ 通过调查验证法来验证调查和数据收集方法（参见第六章"试测"一节）。

● **如何运用收集的数据来寻求研究问题的答案**（即验证假设）。

◆ 解释如何变换（编码）和 / 或组合调查结果，以形成其他变量。

◆ 定量问题的回应可以是以数字的形式呈现的，例如收入、年龄或经验年限；也可以是以对调查对象问题答案分类的百分比呈现，例如种族、地域或伤残程度。

——定性问题通常是"开放式"的，它会给调查对象一个回答的范围，如"请描述你的……"或"请陈述你的观点……"

——关于定量数据和定性数据，请参见第五章。

◆ 详述将要计算的统计数据和一些测试，此测试将用于评估统计的显著性和评定假设的可信性。

◆ 详述调查数据（包括重新编码变量）是否应该并且如何在统计计算中加权。加权旨在纠正样品观察中的过渡代表或代表性不足的问题。加权也是用来在样本评估中产生"全体评估"的方法。例如，我们协会的成员要安装车库门遥控装置，我们想知道一年内共有多少成员会安装。在调查中，我们随机询问了一部分成员他们去年安装了多少，然后对他们的回答进行加权计算，以估算今年的总安装量。

◆ 描述数据如何被汇总并呈现给一个非专业人士。

数据收集和分析计划可能是简单的，也可能是复杂的；可能是精简的，也可能是冗长的。其决定因素有很多，如调查的性质、调查是否符合总体研究计划、研究目标的范围、调查设计的复杂性和预算多少。然而，解决上述每个问题和主题的方法应该是让技术人员和操作人员都清楚地知悉应采取的切实步骤，这样才能得出可靠的调查结果。

如果你从未编写过研究计划，那么在撰写之前请收集一些研究计划模板——即实际可行的计划，这些计划模板须与你目前所进行的项目类似，并解决研究范围、复杂性和分析等相关问题。有些模板可以在网上找到，例如各大政府和非营利性组织的网站。你也应该联系你的研究团队或外部研究机构，向他们询问分析制定统计计划的案例。

研究意义：合众为一

研究项目可能需要一些复杂的样本设计或复杂的统计模型，例如衡量利益的因果决定因素的模型。但是对于研究设计而言，通常简单的就是最好的：适用于大多数初步调查，也有助于评估是否需要进行更细致的研究，还为一般领域的调查提供更多的研究基础知识和背景。您的研究目标和预算可能无法支撑一个复杂的研究，完成一个基础的描述性研究却绰绰有余①。在本章中，我们将重点讨论基本研究方法中常用的几种工具及其各自的区别。

定量信息与定性信息

定量信息：如上所述，调查可以收集定量信息、定性信息，也可收集混合的定量信息和定性信息。定量信息来自"封闭式"问题，这些问题为受访者提供了一份可能回答的具体列表。通常大家的回答都是列表上的数字。

定性信息：定性问题以"开放式"的形式提出，这些问题允许受访者用自己的话回答，回答的内容会被逐字纪录并编辑成文本。比如说，定性问题可能会要求受访者讲述他们的意见、经验和感受；也可描述他们如何建造一座房子②。诸如此类问题的回答不易以数字标码的形式提前总结

① 所有的研究项目或应该进行的研究项目，都会面临着预算限制的问题。研究要聚焦必须要研究的问题，确保研究项目符合预算要求、满足研究目的，且能得出可靠的成果。
② 焦点小组是收集定性信息的重要手段。焦点小组经常被用于理解调查中的用于量化调查的"封闭式"问题。在焦点小组之中，小组成员由一系列经过精心设计的主题或问题引领，成员之间的讨论是开放式的。一位训练有素的主持人引导大家共同探索和讨论大家同意和不同意的观点，进而加深大家对研究问题的认识，获得定量分析难以提供的信息。

出来 [1] 。

首先，我们将讨论统计方法，总结定量调查的回复，以便整理杂乱无章的数字，然后我们将简要地讨论处理定性数据的方法。

分析定量数据

定量调查的答案选项可以由一个数字表示，并且定量调查也容易用简单的数据进行统计总结。一般的调查中通常会有不同类型的问题，数据分析的重要前提就是分辨这些问题的类型，因为每类问题都会反映不同类型的信息，这些信息可以运用于一系列的统计工具或其他工具分析。但是，并不是所有类型的问题都可以用同一个数据统计或工具检测。以下六个示例的回应有什么区别？

提示：需要注意两个基本特征。选项可以是有意义的数值，也可以是字母数字；选项可以是有序的，也可以是无序的。数字刻度仅仅意味着选项与数字对应，具有广泛的意义。有序选择的选项具有明确的顺序或排名：从最高到最低，从最好到最差等。有关定量调查问题及其回复选项的示例，请参见以下工具栏。

有关定量调查问题及其回复选项的范例

示例 1：您满意 XYZ 协会提供的服务吗？（其中 1 表示"非常不满意"，5 表示"非常满意"）选择：1；2；3；4；5。

示例 2：您认为协会的工作保障政策有效吗？选择：是；不是；不确定。

示例 3：您去年收入是多少？（按美元算）____美元。

示例 4：您每天上班，前往工作地点需行几英里？选择：少于 1 英里；1 ～ 2 英里；3 ～ 5 英里；5 ～ 10 英里；超过 10 英里（1 英里 =1609 米）。

示例 5：您在接受审计时情绪如何？选择：非常冷静；正常；焦虑；处于爆发的边缘；不作回答。

示例 6：您公司大部分客户的居住地的电话区号是什么？

---

[1] 在某些情况下，调查对象对开放式问题的回答可以归类进预先设定的几个选项——"以下哪个问题最贴近……"。通常我们会对开放式问题的回答进行数字编码，不同类型回答的频次就可以被统计出来。

下面我们根据"数字的 / 字母数字的"和"有序的 / 无序的"对该示例的回答进行分类：

选项		示例					
		1	2	3	4	5	6
数字的	有序的	■		■	■		
	无序的						■
字母数字的	有序的					■	
	无序的		■				

接下来呢？

- 过去的一年中有多少会员企业安装了车库门遥控装置？

- 会员是否同意以下声明？是或否。

- 目前会员企业签订了多少联邦政府合同？

- 未来 10 年里，以下 10 个标志中的哪一个最能代表社团？

- 以下 10 个随机数字中，您认为哪一个最美观？

处理原始调查有提取、验证、编码和存储信息四个步骤。这个过程需要严格执行到底。一旦调查数据已经准备好了，分析定量问题或"封闭式"问题的第一步就是进行简单的统计[1]。这些统计资料为研究人员提供了关于"位置""离散""形状"和"相关性"的信息，定义如下。

1. **集中趋势的数据中心位置或测量方式：**这些统计是根据数据计算而来（例如，对封闭式问题的回答），它告诉了研究人员数据中心的位置。从这些主要例子里可以看出，最常用来统计数据的是平均值、众数和中位数。

2. **离散程度：**这些统计数据是由计算封闭式问题的回答而得出的，它

---

[1] "调查数据"不仅包括调查对象的回答，还包括我们通过其他渠道获取的信息，如行政记录、地址信息、普查数据等。例如，会员记录可以提供会员的年龄、种族和教育水平等的基本情况和社会信息，这些信息都可以纳入每一个调查对象的回答作为调查数据。

测量了问题的数据价值，测量了它们距离数据的中心价值有多远，例如极差、方差和标准差。

3. **形状与分布方式**：这些统计可以看出，当研究人员进行计算时，问题的回答是如何分布的。这些数据被用来测量，例如，答案的分布形状是否看起来像一个"铃铛"，或者向右倾斜或向左倾斜。

4. **相关性或协调措施**：这些统计数据表明在调查中是否有或有多少数据在"相互跟随"时是相似的（或不相似的），而这些数据是从调查里两个或者更多的问题中得出的。这将有助于回答如下问题：一个问题的值是随另一个问题的值增加、减少还是保持不变？相关系数是一个常用于测量数据相关性的统计单位。

下面我们将为这常见的四类统计提供一些范例。这一章旨在为读者提供非技术性的解释，所以此章不涉及公式。有很多可用的资源和书籍可以提供更多的技术信息，在本章最后的部分我们会列出一些书目以供参考。已经掌握统计学知识的高级研究员可以跳过这一部分内容。

假设你正在进行一项调查，来评估社团会员对所提供的服务与项目的整体满意度。进一步假设该社团有 100 名会员，其中随机抽出 10 位来完成一项调查[①]。你可以利用该调查的数据预测[②]（或估计）该社团100名会员的满意度。

针对此次满意度调查（满意度采取 5 分制，5 表示"非常满意"，1 表示"非常不满意"），10 位调查对象的回答数据如下：3、5、4、5、2、5、4、3、5 和 5。如上述例 1 所示，他们的回答都是数字的且是有序的。

---

① 在实践中，"选择"潜在调查对象并不意味着肯定能获得完整和有用的调查结果。那些被选中的调查对象也可能不回答问题或者其答案对于调研没有任何用处。随机抽样是非常关键的环节，如果回收的所有调查问卷都是由现任董事会成员或原董事会成员填写的，其调查结果可想而知。

② 请注意这么小的样本数只是为了演示如何分析定量数据。这么小的样本数一般更会被认为是定性研究而不是定量研究。若统计项目使用这么小的样本数，哪怕我们已经考虑了总体校正系数，在反映样本与总体的比例时也会导致大范围的误差。本章后面的内容我们会针对统计误差进行阐述。

集中趋势——平均值、众数、中位数

使用平均值是一种集中趋势的度量，如示例 1 所示，我们计算成员满意度的平均数为 4.1，即总评分除以 10。这也给我们提供了有关个人评分的信息——整体满意度都相当高，在 4 到 5 之间。如示例 2 和示例 5 所示，当回答是字母数字时，平均数是无意义的；当数值是无序的时，得出的平均值数据也是无意义的。

其他两个集中趋势的度量——众数与中位数——尽管它们也提供重要信息，但它们并不像平均数那样频繁用于数据总结之中。众数告诉我们回答最多的值或选项（如示例中，众数为 5），它可以计算任何类型的定量问题。中位数告诉我们排在中间的数据的数值 [如示例中，中位数是 4.5，有 5 个评分在它之上（均为 5 分），也有 5 个评分在它之下（4 分和 4 分以下）]。因为求中位数要排列数据，所以只有含有有序选项的问题（数字或字母）才可以算中位数。

众数和中位数都是集中趋势的度量。众数可能容易看出，如在示例中，得分 5 出现最频繁，则反映它在所有得分中占比例最大。那么我们就可以得出这样的结论，这些分数很大程度上分布在 3 ~ 5 之间。中位数是一组排好序的数据的中点。有些情况下，众数可能接近平均数与中位数。但有些情况下，这三个度量可能完全不同 [1] 。

离差

离差对把握调查数据的特性也起着重要作用，大体来说，它反映了数据的分布状况。数值是紧紧围绕于一个中心值（比如平均数）周围，还是零散地分布在值域中呢？也许离差中最基本的度量是极差——即最大值与最小值之间的差距，在我们的示例中就是 3=5-2。响应值必须是有序的选项。

---

[1] 这三个度量，其中平均值是描述性统计的主力。可能你希望能学到更多的度量工具，的确可用的度量工具有很多。最为重要和常用的度量之一就是加权平均数。加权平均数计算对于提供代表人数不足的调查结果的平均数方面作用更大，而对于代表人数过多的调查结果的平均数方面作用有限。

离差的另一个度量是方差，它是各值到平均数的离差平方和的平均数。如果我们取方差的算数平方根，就能得到标准差 [①]。这些度量要求问题的答案是数字的且是有序的。

关联

相关系数是关联的常用度量，它有助于了解两个问题之间数据的相关程度。相关系数是另一个统计度量，其值的范围是从 0 到 1 和从 −1 到 0。当值为 0 时，这意味着同一受访者对两个问题进行作答，但两个问题的答案是完全没有关联的。同样，当相关系数为 +1 或 −1 时，表示受访者对两个问题有完全正相关关系（+1）或完全负相关关系（−1）。

例如，除了要求会员说出他们对 XYZ 社团的整体满意度，我们还会询问他们是否将该社团推荐给同事及推荐的可能性，同样采取 5 分制，5 表示"非常有可能"，1 表示"绝不可能"。如果我们很想知道（或"验证假设"）那些对社团很满意而且乐于向同事推荐该社团的会员，我们将会考虑其中的相关系数，再去判断这两个问题之间是否具有相关性，如果这种关系是积极的，它们就是正相关，且相关值比较高 [②]。以下方框内有关于相关系数的两大重点，需要牢记。

需要牢记的关于相关系数的两大要点

1. 有相关性并不意味着有因果关系！这点非常重要，研究人员在分析数据时必须要牢记。也就是说，如果两个问题之间数据存在正（或负）相关，并不能得出结论认为哪个问题导致了另一个问题。例如，当一个会员非常乐于向其他人推荐 XYZ 社团，我们不能说他对该社团一定很满意，反之亦然。

2. 因为我们的数据来自调查对象的样本，而非来自全部调查对象，所以为了利用样本的相关系数来得出对全部人群的结论，我们需要进行统计学意义上的检验。这是分析数据的另一个重要方面，我们将在如何解读统计分析得到的调查结果一节中讨论"调查中的误差和缩小误差的质量检测"（第 121 页）。

[①] 请参阅任何一本统计概论教材的公式来计算这些统计数据。

[②] 评估调查数据具有多高的相关系数是不科学的。在实践运用中，研究人员会运用经验法则来判断相关系数的大小意味着多大程度的关联，该经验法则通常以研究性质和数据本身为基础。一般来说，相关系数高于 +0.5 或低于 −0.5 都会被认为是某项调查中两个问题的数据之间有很高的关联性。

分布：频率和百分比

到目前为止，我们已经讨论了统计数据，总结了响应值是如何聚集的、它们如何变化以及它们如何与其他变量相关联的。统计人员已经设计了许多其他统计方案来描述调查回应的分布状况，例如正态分布和偏态分布。但是，在一个调查问卷中，还有大量的信息可以统计，来检测可能的回应值的分布。

我们可能想知道关于单个值的信息，例如上述定量调查问题栏中，示例5的选项"处于爆发的边缘"。有多少调查对象选择该选项？（选择"处于爆发的边缘"的频率）。或者我们可以为所有的回复或每组回复选项计算出频率分布，计算每个可能值的频率，例如计算示例5中从"非常冷静"到"不作回答"5个选项的频率。频率还可以转换为百分比，这让我们可以比较各组回复中每种选项所占的比例，例如，我们可以比较审计报告中男女成员选择"处于爆发的边缘"选项的百分比。当使用百分比数据统计时，频率分布就相当于是概率分布。

虽然全面讨论数据的分布状况超出了本章节学习范围，然而，它们可以用来检验集中趋势和离散趋势，特别是凸显出"频繁"或"不频繁"的数值。百分比也有助于我们了解分布的状况，例如，通过百分比，我们可以了解到大多数调查对象给调查问题的值是更高，更低，还是恰如其分？

为了阐明百分比的概念，从上述示例中，我们可以计算出调查对象给出"两个最高得分"（4或5）的百分比，是7/10或70%。显而易见，大多数调查对象都是非常满意的，给出4或5的高分，但是不容忽视的是有3/10即30%的调查对象选择不满意或一般。在可能的数值范围内（如1～5）中，百分比揭露了分布的状态。例如在此示例中，绝大多数调查对象打了较高的分，而少数调查对象则打了较低的分。

比较落在某一或多个类别或数值区间回复的数量（或频率）时，百分比是一种中立的比较方法。例如我们想向示例5那样测量会员的满意度，根据上述的回复，我们可以看到有5个人选择5，次数是5次，或者我们可以说有5/10即50%的人选择5，这表明这组数据在总样本数据中所占比例很大。

百分比特别适合用来比较不同规模组别会员的回复情况。例如，假设你想知道 20 ～ 24 岁选 "5" 的人数是否比 40 ～ 44 岁选 "5" 的多，百分比就是个好方法。百分比所提供的信息要比频率所提供的信息多得多，它直接说明年轻的调查对象比老年调查对象少。为了能更容易地解释数据，接下来我们将讲解一些图表。

可视化数据——易于解释

图 7-1 是一个频率分布的直方图，直观反映了上例中整体满意度的数据，显示了集中趋势的基本度量、离差的测量和百分比。

在这个频率分布直方图上，沿纵轴我们可以清晰看见每个分值的百分比，能看见频率最高的评分。横轴上列出的是所有的评分、平均数、众数和中位数。横轴下面是极差（3.0）、方差（1.2）和标准差（1.1），这些数据反映了分值的平均离散程度。

我们可以比较两个或更多的频率分布直方图，例如，我们可以比较 A

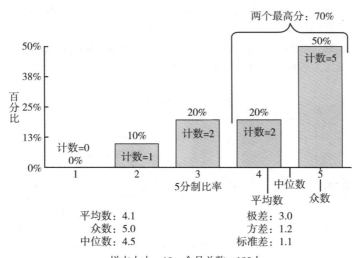

问题：想想你在 XYZ 社团的经历，用数字 1 ～ 5 表示你对该协会的整体满意度（1 表示非常不满意，5 表示非常满意）。

图 7-1　会员整体满意度

社团与 B 社团的总体满意度调查的频率分布直方图。如图 7-2 所示，A 社团的满意度平均数是 3，但其中一半调查对象评分最低，另一半评分最高。那么哪组数据的平均数最大？哪组的离散程度最大？哪组数据的集体趋势、离差最能代表 A 社团与 B 社团满意度？

社团 A 的满意度频率分布直方图表明很多会员都是非常开心的，但是也有同等数量的会员对它非常不满意。因此一定要解决其中的问题，否则会流失一半的会员。请注意，此时平均值并没有足够的代表性。

相比之下，有 60% 的受访会员对社团 B 评 3 分或 4 分，表示比较满意。

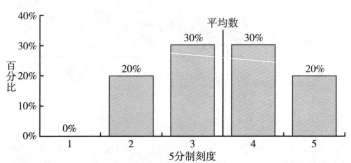

A社团：会员总体满意度评价

问题：想想你在 A 社团的经历，用 1～5 表示你对该社团的总体满意度（其中 1 表示非常不满意，5 表示非常满意）。

B社团：会员总体满意度评价

问题：想想你在 B 社团的经历，用 1～5 表示你对该社团的总体满意度（其中 1 表示非常不满意，5 表示非常满意）。

图 7-2　A 社团与 B 社团会员总体满意度评价对比

对比两个调查的频率分布直方图可以看出，社团 B 会员对所在社团的评价比社团 A 更趋向一致。社团 B 调查数据的平均值在 3 ～ 4 之间（3.5），数据的离差、分布、分值都与其相符合，相比社团 A 的数据更能反映实际情况。数据的众数和中位数都是对集中趋势更好的衡量。

那么关于分散趋势的衡量呢？我们可以看到社团 A 的满意度分数范围（范围 =4）比社团 B（范围 =3）高。同样，你可以看出社团 A 的方差和标准差比社团 B 大。方差（或标准差）也是对分散趋势的更好的衡量。

数据的交叉表：分段和比较数据

图表比纯数字更能让我们直观地分析数据，因此研究人员研究数据时通常先看数据表，查看数据中是否存在一些潜在的问题，其优先级甚至高于对一些基本数据的计算。这是分析阶段的第一步，数据从被录入的一刻，就在接受"清洗"、纠错 [①] 。

通常第一组数据表会显示调查的问题及其回答的总数、百分比、平均数及其他统计数据。该表需经过仔细审查和验证，以确保其准确性。

在审查完"单向"的数据表之后，研究人员转向分析"双向或多向"数据表格，以此了解一个变量如何随着另一个变量的变化而变化。在调查中，我们通常会使用交叉列表列举变量，进行人口统计或统计我们假设、预想的问题，数据可能在改变，其改变方式在目标市场、产品定位及其他目的上都很重要。例如，会员对社团的满意度可能会因他对组织的责任不同而变化——首席执行官与经理的评分也许不同。如果一个社团的主要目标产品与服务的对象是经理，那么对社团来说，了解经理们是如何做出评价的非常重要。

简单的数据交叉表会显示两个问题及其答复的选项，使我们可以很容易地看到每个问题数据的基本统计。一个数据的"双向交叉表"显示成员所回答两个问题的统计资料，而"三向交叉表"会显示成员回答三个问题的统计

---

① 分析数据的第一个步骤就是"清洗"数据，验证它们的准确性，校验回答确实是正确的。这个步骤被称作：处理数据。有时在这个步骤发现的错误需要再次联系调查对象进行核对。为了最小化时间和活动成本，为了确保数据的可靠性，针对数据要进行认真的数据前测和临时数据处理。

资料等。这些表格会显示总数、百分比及其他统计数据，例如平均数。

表 7-1 是 ABC 社团某一个调查的双向交叉表，此项调查与前面所述的 XYZ 社团的调查类似。此调查列出了"总体满意度"与"推荐可能性"两个问题。注意，表的横行显示总体满意度，而纵列展示了推荐可能性，表的前两行和前两列显示总数和各问题会员回答人数的百分比。

表 7-1　ABC 社团——顾客满意度调查

2013.5

想想在过去的一年，您在 ABC 社团所获得的产品、服务与帮助，用 1～5 表示您对该社团的满意度（其中 5 表示非常满意，1 表示非常不满意）

	总计 / 百分比	推荐可能性：百分比				
		绝不可能←			→可能性很大	
		1	2	3	4	5
	（A）	（B）	（C）	（D）	（E）	（F）
回答总数 回应百分比	58 100%	1 1.7%	3 5.2%	10 17.2%	28 48.3%	16 27.7%
1. 非常不满意	–	–	–	–	–	–
2.	4 6.9%	1 100%	2 66.7%	1 10.0%	–	–
3.	9 15.5%	–	1 33.3%	8 80%	–	–
4.	30 51.7%	–	–	1 10.0%	23 82.1%	6 37.5%
5. 非常满意	15 25.9%	–	–	–	5 17.9%	10 62.5%
满意度 4、5 项总和	45 77.6%					
满意度 1、2 项总和	4 6.9%					
满意度平均值	3.97					
满意度标准差	0.84					

对照组：A，B，C，D，E，F。

针对平均值（等方差性）的独立 T 检验，针对百分比的独立 Z 检验，大写字母显示有 95% 的显著性。

　　看数据交叉表上显示的总计和百分比，研究人员可以推断出大多数成员对该社团的产品、服务和帮助都是比较满意的，有超过 3/4（77.6%）的会员给了满意度最高的两项评价，因此 ABC 社团有着很高的满意度。同时，也可以看见有超过 3/4（48.3%+27.7%=76%）的会员选择了推荐度最高的两个选项。这对一个社团来说确实是一个好消息。

　　而不满意度取决于它的定义，如果定义低于 4 分的为不满意，则有超过 1/5（22.4%）的会员对该社团不满意；如果定义低于 3 分的为不满意，则仅有 1/7（6.9%）的会员对该社团不满意。这也就是说，除了进行数据统计之外，该社团还需要去思考如何解释数据结论。这种情况下，如果数据已分类，社团需要评估分类的实际作用。

　　表 7-1 还提供了有关数据的几条补充信息，例如，整体满意度似乎与推荐可能性之间有一定的关联。会员对社团越是满意，越可能将其推荐给他人。可以看出来，这个两个变量打分的调查对象的数量几乎落到了一条向下的完美线条上，这意味着一个问题的评价会随着另一个问题的评价而变化。事实上，这两个系数的相关性是 +0.83。因此，这两个问题有很高的关联度，而且是正相关，即一个上升另一个也上升。

　　如前所述，我们不能说一个问题导致了另一个问题，只能说它们是相关联的，所以深入了解会员评分理由是重要的。有很多对相关调查和相关主题文献的研究已经进行了很多年，例如满意度研究。基于这些知识，我们肯定能得出这样的结论：当会员感到满意，他们可能会很乐意推荐。所以当会员对社团感到满意，他们可能会很乐意向他人推荐该社团。反过来就不符合逻辑了，因为推荐通常来自自身经历。

　　此外，研究表明，有时人们是基于他人的建议（口述）推荐的，但他们可能在这个社团没什么活动经历。也就是说他们的回答可能是基于他人的口头推荐，而并非因为他们体验 ABC 社团的产品与服务后真的感到满意。这种情况下，认为社团拥有高满意度是因为会员得到了良好的体验，并且推荐给他人，其实是带有误导性的。而实际上，满意只是一种感觉、一种感知，最重要的还是人们对该社团产品与服务的感受。我们分析调查数据、提出见解、得出结论并向他人推荐时，会遇到些细微差别与局限，这些就是例子，通常情况下，向一些相关领域的专家请教是非常明智的。

最后，如果 ABC 社团管理层想验证男女总体平均满意度存在差别这一假设，我们可以将数据分组，并分别算出每组的平均值。为了算出平均值，我们将每项估计的误差幅度合并，算出每项的范围，如果它们重叠，就意味着男女评分没有什么重大意义的差别。而更快的方式是做一个关联表（又称双向表）对统计数据进行卡方分析。制作这些表所需要的统计软件包将在本章最后部分阐述。

想了解更多有关误差幅度的内容，请参考"调查中的误差和缩小误差的质量检测"一节（第 121 页）。

超越简单统计的方法：何时需要一个统计模型？

上述例子中，如果评分低于 4 分表示不满意，ABC 社团想将这个百分比从 22.4% 降至 15% 的话，就需要知道与其具体作用（情感）相关的信息，这些具体作用会影响或关联会员对社团的整体满意度评价。因为存在一些与满意或不满意相关联的潜在因素，所以需要开发一个数据统计模型，分析多个问题，去评估哪些问题（变量）影响或关联总体满意度以及它们是如何影响或关联的。

该模型将总体满意度作为组织因素的因变量，同时也被认为（或假设）作为自变量对会员满意度也有影响。组织因素包括所提供的产品与服务的质量（例如年会或专题报告的质量）、服务帮助（知识渊博，能够一通电话解决问题）或社团费用，若费用率过高而会员认为自己获得的产品与服务不值这个价，就会影响客户满意度评价。

用于回答研究目标的统计模型的类型并不在本章讨论范围之内。我们的目标是让读者意识到模型通常也是调查数据分析的一部分。但是，专业学习总归是可以在简单的分析里习得的。

统计资源及数据可视化工具

近几年，统计资源与数据可视化工具已经逐渐发展，它们易于操作，那些没有经过任何研究或统计培训的人都可以使用这些工具统计数据。尽管其优点明显，易于使用，但是那些调查研究分析经验较少的人还是应当谨慎使用。

下面，我们将简要讨论一些最常用的统计分析与数据可视化工具。

- SPSS：该软件专门用于分析研究调查的数据。它可以生产出各种调查中所需的设计和分析（例如，选择模型）。研究人员只需点击操作，就能轻松获得统计资料、交叉表、统计显著性检测等各类统计模型。

- SAS：该软件在统计分析深度与广度方面都十分强大。它并非仅为调查数据而设计，与此同时还有一大套程序从不同来源对数据进行分析。此软件不建议新手使用，适合熟悉调查与统计的人使用。

- Excel：微软的这套桌面应用程序可生成简单的统计数据、数据交叉表，甚至还能做一些更简单的统计模型（例如回归分析）。用 Excel 进行数据分析非常容易，但由于其缺乏精密性，有时会比 SPSS 这样其他的一些程序更难使用。

其他软件包，如 Keysurvey，Qualtrics 等，有不错的线上调查设计能力，能提供分析和可视化工具。这些应用程序的数据可视化组成部分通常不允许自定义表格、图表或图形。

此外，现在有一些可用于仪表板设计的软件，它们将数据放在门户网站上，并通过编程来显示交叉表、图表、统计信息等其他调查中所获得的信息。利用这些程序可以轻松共享来自大型组织，特别是一些全球化组织的数据和统计结果。

何时寻求调查研究专家或统计专业人士的帮助？

即便今天的调查研究工具是很容易操作的，但知道何时寻求专业研究人员和 / 或统计专业人士的帮助总是重要的。应当何时去做呢？

简单地说，当你面对数据结果陷入困境，似乎不能得到正确的数据时，甚至找不到正确的问题时，或者无法理解什么是交叉表、图表时，就是利用专业资源的恰当时机；或者当你试着进行计算，却不知道如何得到你正在分析数据的计算机程序时，你就该去寻求帮助了。如果有人问你，是否已经检测了设计效果，你却不知道这是什么，你就可以去寻求帮助。如果你参与了一项耗资巨大的项目，但其结论可能会饱受争议时，你也可以去寻求帮助。当你有疑问时，最好能和专业人士稍微讨论一下你分析调查数据的方法。

分析定性数据

如前面所述，通过对调查问题开放式或逐字式地回复，是可以收集调查里的定性数据的。就像调查对象的回答一样，数据以极其开放的方式收集，有时也可以封闭式分类答复的形式收集，其中有一种方式要求调查对象逐字回答，有时这些问题是半开放半封闭式问题。

以下是一个完全开放问题的例子。

问题：你能讲讲你给 XYZ 社团满意度打该分的理由吗？

一旦收集好了数据，就可以采用定量分析的方法对开放式回复进行分析与归类。编码专家将开发"代码地图"，共同努力，对逐字回复进行分类。研究人员可以在分类中注明：有百分之几的调查对象表示"缺乏服务帮助"是他们给 XYZ 协会低于 3 分的原因。

给逐字回复编码是耗时且昂贵的，如果有成千上万条逐字回复，编码的费用可能会让人望而却步。为了减少开支，研究人员通常采用半开放半封闭式问题，这些问题会提供一些潜在的答案（例如类别），同时会在类别的结尾列出"其他，请详述"选项。

以下是一个半开放半封闭式问题的例子。

问题：请选择你给 XYZ 社团打 X 分的理由：

　　□ 缺少服务帮助

　　□ 问题没有得到满意的解决

　　□ 年会不佳等

　　□ 其他，请详述：＿＿＿＿＿＿＿＿＿＿＿＿＿

解释：如何解读统计分析结果和常见缺陷

解读统计分析结果时，应注意以下几个重要方面。首先，统计出的数据与所作解释都受各种误差的影响。统计教学的核心是传授抽取样本的方法（尤其是从众多人口中抽取），并从这些样本中算出一些数据（例如平均数、概率分布），用于预测和描述抽样人口的状况。

也就是说，我们可以根据从 ABC 社团会员样本中所获得的满意度评分预测或描述社团所有会员的情况，但是，怎样做这些呢？我们可以利用样本中的统计进行预测，但因为我们没有调查目标对象的每个人，所以这些预测会存在抽样误差（统计误差或简单误差）。统计学就向我们展示了如何计算这些错误。然而，请注意，除了调查中的误差与估算外，还有许多其他潜在的误差，接下来，我们将讨论这部分内容。

调查中的误差和缩小误差的质量检测

调查中存在许多误差[1, 2]，其中统计学误差（也称为抽样误差）是最广为人知的。很多人认为，只要他们设计出一个零误差调查，这个调查就是绝对可靠的，然而事实远非如此。

实行研究调查主要是为调查设计开发一些好的测试，通过这些研究调查，可以把误差分为三种[1, 2]：非观测误差、观测误差、事后调查误差。下面我们将简要介绍这些误差以及一些减小误差的质量测试方法。需要说明的是，我们所描述的测试方法可能不能消除所有的误差。但是如果不采取行动减小误差，它们会产生数据偏差，这会导致错误的决定。

1. **非观测误差**：由于不能调查每一个目标对象，或者不能得到每个应邀受访者的回答，调查很容易产生这类误差。这些误差包括：

（1）**涵盖误差**：抽样框里的样本并不能代表母群体的所有个体，调查由此会发生涵盖误差。也就是说，并不是所有人都有平等的机会参与调查，那些未参与调查的人的回答就未能收集。为了减小误差，研究人员投入了很多技术，包括使用混合模式收集数据（例如，利用线上和邮件开展调查），避免仅用一种模式，以此提升群体的代表性。

（2）**抽样误差**：如上所述，不进行普查，就会产生这种误差，统计学告诉我们一定要计算这些误差。再次说明，抽样误差经常是唯一由于调查本身产生的误差，应随调查结果一并公布出来。

利用样本进行的相关预测都会有一定程度的数据误差。其误差会有一个范围，在这个范围内我们可以说我们有一定的信心（通常是95%）发现实际的人口统计数据。出现该误差是因为应答者的样本只是我们可采取的多个不同样本中的一份。通过样本计算出的实际值有95%的可能（信心程度95%）都在这个区间。但是有5%的可能不在这个区间。因此，在汇报调查数据时，我们会说估算出的百分比会在所给误差范围上下。

研究人员需要收集足够大的样本量以克服测量误差，从而减少抽样误差。例如，如果有一个社团有很多会员（如10000人或更多），该协会想进行一项调查，调查对本协会服务及产品满意的会员人口百分比，其抽样误差理论值为±3%，则其误差幅度是1000。一般来说，样本容量越大，其误差幅度越小，直到达到一个临界点——通常在样本容量达到2500以后，抽样误差几乎会减少到零。但是除非我们要分割数据并对各部分进行分析，否则不值得进行这么多的调查。

（3）**无回复误差**：当应邀的答卷者未给出回复，他们的看法就不能由已经回应者代表。也就是说，即使我们的调查已经涵盖了每个人，已经进行了大量采样，但是未回应者若是回答了依然能够改变调查结果。

调查中的一些问题若未被回答，同样会造成无回复误差。在民意测验中这是个大问题，民意调查者需要奔波搜集未回复者的答案。有些时候，虽然答卷者回答了这些问题，但是他们却表示"不知道将如何投票"；他们的确试着去投票，但是还没有决定投给谁，而这并不能给民意调查者所需要的信息——谁将会赢得这次选举？

如果未决定的人足够多，就会改变选举结果，他们的回答同样不能用其他已回答的人的答案代替，否则结果会有偏差。

为了尽量减少调查中的无回复误差，跟进提醒那些初次调查中的未回应者十分重要。可以根据调查形式和联系方式，通过邮件、电话或电子邮件邀请完成这一提醒工作。考虑到这是强加于答卷者的潜在的负担，尤其对那些不想回答问卷的人来说，跟进提醒应当特别注意提醒的次数和频率。

即使所有的程序都准备到位了，依然会有大量的人不回答或漏答[①]。考虑到漏答会影响调查结果，需要采取进一步的措施，如回电未完成者，说服他们完成问卷[②]。采取（额外）的激励措施也很重要。

2. **观测误差或测量误差**：这些误差可能由调查员造成的，或者由调查对象的认知能力、解读能力以及其他许多调查对象自身问题带来的。

（1）**调查员误差**：这类误差是在调查员亲自访谈或通过电话访谈中产生的。主要表现在敏感问题上，人们的回答倾向于符合社会规范，因此，他们会提供一些社会上认可的答案而非他们自己的答案。

此外，还有很多其他调查员误差因素会影响到调查，包括调查员的地方口音、语调、亲切度等。这些误差在调查之前很难考虑到。

因此，调查设计中的一个非常重要的部分就是调查预测，根据预测修改调查，以确保优秀的调查员能参与到调查中。同时，预测也可以揭露一些认知问题，例如我们接下来会讨论的社会期望。

（2）**回应误差**：问卷题目的特点以及调查对象对这些问题（认知技能）以我们想象不到的方式去理解问题或回答问卷时，误差就出现了。回应误差这一主题的内容很宽泛，在学校里，这个问题我们把它作

---

① 如果在所有这些努力之后，仍然缺少需要填补的数据，例如在制作统计模型时，研究人员通常会使用统计工具，如填补程序来填充缺失值。但是，这种做法必须谨慎并了解其对数据的影响。

② 当要求调查对象回答一个具体的问题时，需要注意问题的提问方式，以及是否应该再次询问前面的所有问题等，因为前面的问题可能会为后面的问题设定背景和解释。

为研究生一年级的课程讲一学期。在此，我们只是给出一个简要的解释说明。

在大多数情况下，认知问题以及它们在调查中造成的误差往往是调查对象以符合社会规范（社会愿望）的方式回答调查问卷的结果。他们会根据之前的作答方式来回答后面的问题；或者回答过于"客观""合理"，或者仅仅是因为问题设计不好、问卷设计不佳（前面的问题影响到了后面的问题）、缺乏应对技巧（受教育水平低或年龄等因素影响）以及调查中出现的其他认知障碍使得调查对象不理解题目的意思。

对于调研最好的做法就是，在开展试测之前，先邀请一位调查问卷设计专家对问卷进行检查，随后开展反复的认知访谈（至少5次，复杂一些的调查则需要更多次），但遗憾的是现实中很少有人真正去这么做。美国国家卫生研究院（NIH）的研究员戈登·威利斯博士[1]曾针对这个课题写过一本书，书中提供了所有与认知相关的问题的深入解释，还谈及了如何开展认知访谈。

3. **观测后误差**：一般此类误差会出现在我们完成调查并开始处理和分析数据的过程中，通常这类误差很难被发现，也很难被检测到。

（1）**数据处理误差**：误差是不可避免的，即使是最有经验的数据程序员和技术精湛的专家都有可能在处理数据时犯错。如前面所述，提前采取预防措施就显得非常重要了，例如将数据可视化，利用数据图表来寻找数据的漏洞和矛盾点，查看统计信息如百分比、平均值，然后问自己：这个数值对吗？有这种可能吗？

更重要的是，要紧盯数据处理器或统计员，在把统计结果报送给利益相关方之前，一定要多次仔细检查，这是确保统计结果不出问题的关键。尤其当统计结果与预期不一致时，仔细检查数据是否准确极其重要——因为你不希望看到某一位目标公众在某一重要场合质疑调查数据的真实性的情景出现。

（2）**解释误差**：在此，调查研究的艺术和科学将迎面相遇！解释误差可以基于既定的或未定的研究假设（如我们的信念）。也就是说，已被检验过的既定目标与假设应该指导数据的分析与解释，但有时我们的一些预想（如"是什么"）、我们的理念（如"如何""何时""为什么""谁""多久前"等，这些都是我们的主观想象）以及外部压力（利益相关者的压力和信念）也会影响数据的分析和解释。接下来，我们看一些例子。

解释误差常常是不可避免的，因为研究人员也是人，只要是人就会犯错误。尽管研究人员被教育到必须客观地设计、分析问卷和展现调查数据，但有时，他们也会受到以前的理念、理解或有说服力且固执己见（或有特殊兴趣）的利益相关者的影响，而去致力于寻找特定的结果而忽视（不去寻找）与预想相悖的结果。当我们致力于寻找其他东西时，就会很容易错过一些重要的或者意想不到的结果。因此，解释误差产生的原因在于我们头脑中已有的假设。

调查研究基于"客观性高于主观性"的前提，但常常有一些经验丰富的研究员仅仅测试假设部分而忽略其他。因此，所得结果就可能会出现误差。建立因果关系就是一个例子。如前文所讨论，如果研究人员明确指出不需要任何数据支撑（如通过满意度显示减员水平），就证明低满意度一定会使会员退出该社团，那么他/她是片面的，通常用"常识"来解释这种因果关系。我们必须坚决反对不通过分析而直接得出结论的做法。

另一种解释误差与我们如何看待结果有关。前文提过一个例子，有超过3/4的人对XYZ社团满意，那么可能有1/4的人不满意。假设社团领导人根据会员的总体满意度获得工资。他们希望研究人员报道满意的3/4还是不满意的1/4？他们是否会要求研究人员在总体满意度报告中包含前3名的回答，而不是前2名或前5名？

有关解释误差的例子有很多，这些例子很好地阐述了"统计陷阱"。为了避免这些错误，研究人员应该尽职分析，采取以下措施。

——在解释数据时，要查看多个统计信息。如前文有关社团 A 和社团 B 的例子，平均数并不能说明什么，要进一步用离散量数进行评估与解释。

——深入分析数据并寻找备选方案——按照情况、时间等分类（如果数据可用的话）。

——在现有的国内外研究中寻找可能反驳或证实你的研究成果的研究，其中包括案头研究（如竞争分析）、公开可用的二次研究、调查研究以及学者和从业者提供的文章或出版物。但是，对这些研究成果的解读必须审慎，未发现相关研究成果，会让你分享研究时感到愉悦，但这并不意味着你不必分享研究结果。

——确保已有的观念和"知识"不妨碍你观测数据，你不能对这方面一无所知。

——在调查中，可以通过开放式问题收集的定性数据来验证定量（封闭式）问题的结果。通常"顾客意见"或逐字评论不能被驳斥和／或提供重要的见解。

——邀请论题专家和／或咨询委员会来审查你的调查结果，并为你提供之后所有出现这种结果的"有根据的"评估。

除了上面列出调查中的潜在误差外，还有其他因素影响调查对象如何回答问卷。其中一些取决于数据收集的方式和具体的研究。这些因素通过符号、图形、数字和文字传递信息来影响调查对象回答问卷，其中前三个适用于自填式问卷调查，最后一个（文字）对于自填式问卷调查和访谈式调查都适用。

这些因素会影响调查对象对问题的理解程度，因为它们可以提供"上下文"信息，远近问题之间的相似性或不相似性，或是提供视觉效果，导致调查对象留白或是对问题的理解与预期不同等问题。例如，影响调查问卷结果的因素来自方方面面，这些内容网上都有介绍，视觉效果会影响调查对象的作答情况已经从技术上被证实了。

关于影响调查各个方面的深入讨论，可以在唐·迪尔曼量身定制的问卷设计方法[2]的相关书中找到。

检验假设

在这一章及整本书中，我们已经讨论了把检验假设作为调查研究的一个重要方面。我们将会在前面讲到的基础上再补充一些内容。

通常情况下，一项调查研究为达到其设定目标，总是会进行一系列假设测试。这些假设应该与调查研究的目标一起被研究和设计。

以 XYZ 社团的满意度调查为例，这项研究的首要目标是调查会员对该社团的满意度并确定其满意的原因。此外，我们还需确定一些 XYZ 社团具体的服务与帮助对整体满意度的影响程度。

请注意，由上述调查目标产生的假设需要检验。除了衡量满意度和确定影响满意度的原因外，我们还需要提出有关影响满意度因素的假设，并检验这些假设。具体来说，我们需要确定"是否"存在一些服务和帮助影响到了满意度以及是如何产生影响的。

为了提供指标并测试这个假设，我们需要设计研究问题，以便能够制定一个数据统计模型，并确定哪些属性与整体满意度具有统计意义上的相关性。

本章小结

总之，一旦你使用了本章阐述的分析和解释调查数据的方法和工具，这些方法和工具也包括了解调查中的陷阱和错误，以及如何最大限度地减少调查错误，你就会相信你的数据，并对调查结果感到满意。

我们需要对研究工作的目标和提出的假设进行检验，这些目标和假设应指导整个研究过程——从设计、分析、制定统计计划、进行统计测试到对所得数据进行解释和总结。下一章将会介绍如何与各类公众分享调查结果。

自我省察的五个问题

1. 数据收集和分析计划的主要组成部分是什么？
2. 定量信息与定性信息有什么区别？
3. 集中趋势的三个度量是什么？
4. 统计模型何时被应用于研究？
5. 调查误差的三个类别是什么？并分别举例。

本章作者

玛莉亚·E. 拉莫斯，现任贝斯摩尔有限责任公司（Bisamer LLC）的创始人兼总裁，该公司是一家为私人和公共部门客户提供调查和评估研究解决方案的咨询公司。该公司经验丰富的研究团队已经开展了大量的经过科学设计的定量和定性研究，业务涵盖各个行业，有社会、政治和经济研究，也有出版物和文献研究。在创建贝斯摩尔有限责任公司之前，玛莉亚是美国环境咨询公司（ICF International）的高级经理，哈里斯互动公司（Harris Interactive）的副总裁兼高级顾问以及柯达公司（Eastman Kodak）的高级研究总监。

参考文献

[1] Willis, G. *Cognitive Interviewing: A Tool for Improving Survey Design*. Thousand Oaks, CA: Sage Publications, 2005.

[2] Dillman, D. A., Smyth, J. D., & Christian, L. M. *Internet, Mail, and Mixed-Mode Surveys: The Tailored Design Method*, 3rd edition. Hoboken, NJ: John Wiley & Sons, 2009.

第八章　数据发布与运用

章节概要

　　既然你已经收集并分析了数据，那么发布调查结果及信息的最佳方式是什么？从执行摘要到多种社交媒体渠道，有许多种发布形式可以考虑。此外，即使决定了采用哪种形式，仍有许多因素要考虑，如目标受众和信息传递量等。本章将阐述调查结果的多种数据发布方法，并讨论具体情况下使用哪种方法最好。本章附录中的缩略表包括了本章的关键内容。

学习目标

　　在本章末，基于以下三点，读者应该能够识别、描述或确定适当方法来呈现调查结果。

- 您的目标受众；
- 您的研究目标；
- 您希望在读者中引起的反应（如购买、参加或加入）。

发布方式

研究报告

一份研究报告一般会包含有商业机遇或问题的关键信息、研究方法和研究成果。报告的独到见解，主要来源于调查研究所产生的原始数据，或是经过分析和解释后的外部来源（如行业来源）信息。

研究报告是研究团队提供给内部、外部公众的主要文件。在团队内部，该报告用来向利益相关者（如董事会）呈现调查结果和投资回报的文件。其他内部利益相关者包括会员，他们会收到作为会员福利的免费信息。研究报告可能会出售给非会员，以此来提高社团作为行业领域的专业研究社团的知名度。通常，研究报告的非会员价格有利于促使非会员申请成为会员。

案例研究：ASPHO 传播沟通研究

美国儿科血液学 / 肿瘤学协会（ASPHO）为了更好地调整传播沟通策略，以更有效地满足会员的需求，提出了四种主要的会员传播沟通方式：网站、电子通信、纸质版的会员目录和网络虚拟社区。该协会把握了协会联合美国儿科学会共同发布倡议且准备重新设计协会的网站的机会，开展了会员调查以评估会员传播沟通状况。

该协会通过开展一项针对会员的主要研究，来确定他们对 ASPHO 传播沟通方式的偏好和使用。最终研究报告是一份长达 12 页的综述，内容包括 ASPHO 想从研究中学到什么（目标）、如何进行研究（研究方法）、抽样（调查对象）、解释数据和建议等。该报告还为那些想要快速了解内容的人们提供了目录页码和执行摘要，报告的部分内容还将原始数据作为附录附在了后面。研究结果表明，除了纸质版的会员目录外，大多数会员还想有一份网络会员目录。于是，ASPHO 将电子版的会员目录上传到了协会的网站上。

虽然研究报告并不总是呈现研究的最终形式，但它是涵盖基本情况或差距分析、研究过程、研究成果和不足等情况的综合报告。一份报告可以通过其完备的档案记录方法和有效数据支撑的结论，为调查人员的信誉和专业知识提供很好的证明。

研究成果展示

研究成果展示是在面对面的环境下向某一群体展示研究成果的一种手段。研究成果展示通常在年会、研讨会或公司董事会议上进行，即向其他组员或委员展示研究成果，人们为了教育（例如获得继续教育学分）或获取知识而参与其中。这些展示既能帮助社团内部人员，也能帮助对该话题感兴趣的众多同领域专家。

研究成果展示的一个重要好处是演讲者和听众之间有互动的机会。现场的即时反馈有利于该话题的深度讨论和创新。研究成果的现场推广也使研究团队和个人获得了认可。现场展示应当简洁、突出重点、吸引观众，最大限度地提高观众有限的注意力。

董事会报告

董事会报告应简洁地传达信息，而不是全面深入地介绍研究结果和方法。玛乔丽·布洛迪认为，应该"直接告诉他们你的结论，然后再给他们一页重点内容。多准备一些证明材料以防他们会需要"。[1]董事会只想了解总体概况，而不是"无聊"的细节。

混乱堆叠的各种材料会让董事会成员无法把注意力集中于战略战术层面。如何向董事会成员提供既简洁又能增强可信度的细节材料至关重要，他们可能只会审查有限的几个不同主题的材料。什么细节材料对于传达你的关键点并帮助董事会成员做出明智决定是必要的呢？

您可以附上一份完整的研究报告作为董事会报告的附录，供那些有兴趣审阅详细数据的董事会成员阅读。董事会报告的数据及其解释可以随时更新，可以是临时报告，也可以是最终报告。董事会报告应明确说明研究目的、研究方法、简要的成果说明，如果合适的话，可以附上报告撰写者的关键建议及联系方式。

> **案例研究：CDMS 市场报告**
>
> 为了更好地开拓认证市场，残疾管理专家认证（CDMS）委员会就其认证证书在不同的残疾管理部门的使用情况进行了研究。调查结果以一份四页的叙述性报告呈现给董事会，其中还包括了用来说明数据的图表、曲线图和表格各一份。报告用不同的段落分别阐述了研究目的、研究方法及重要成果。该报告简洁明了，有效地避免了董事会陷入数据的"泥潭"，为他们重新审视在研究方面的投资提供了更深层次的思考。

工作组或委员会报告

工作组或委员会报告应该像董事会报告一样简明扼要，但是需要说明的是，工作组和委员会应该事先对该问题进行充分的讨论，并考虑各种可能的选择。社团不应该觉得委员会没有充分考虑这个问题。工作组应该确定费用标准并给出具体的建议和理由。

> **案例研究：APHON 教育需求和会员价值评估**
>
> 最近，小儿血液学 / 肿瘤科护士协会（APHON）进行了一项关于教育需求和会员价值的评估。在此过程中研究人员收集了大量重要信息，部分信息表明该协会需要有所行动了。研究人员还起草了一份委员会报告，提炼出所有关键信息，并为传播沟通委员会（以及协会）提供了多种备选方案。尤其是，有会员提出协会提供的某款产品这些年来一直没有被更新。委员会审查了调查期间收集的数据，并在报告中进行了总结，最后就如何开展工作向董事会提出了建议。所有的相关细节和发展前景都包含在报告中——从宽泛的需求问题到具体的产品外观和形式问题。该内部文件以简洁明了的数据在协助董事会做出明智的决定方面起了至关重要的作用。最终，根据该报告和相关数据，董事会推陈出新，决定对某产品进行更新换代。

工作报告通常会提交给董事会进行讨论。若不需要采取行动，工作组报告应该简明扼要但必须包括研究调查的费用及现状，以及列出工作组成员名单。列出工作组成员名单的原因有二：首先，这是对工作组成员的一种认可；其次，这能提醒董事会，工作组所呈送的意见是多人意见的整合。工作组报告和委员会报告应采用统一的格式，这样便于董事会成员阅读和理解。工作组报告通常是内部使用——大多供董事会使用，但也会经常通过会员专用网站分享给内部会员。

员工报告

员工报告包含员工为了推进社团使命而进行的研究，虽然有时会分享给志愿者领导，但主要用于员工内部，研究成果有利于员工更好地确定发展策略和评估机遇。这些报告以数据为根据，为社团的计划、产品、路线和下一步发展提供参考。

与外部公众沟通

虽然董事会报告和工作组报告主要用于社团内部，但仍有许多研究报告的表现形式可适用于对社团内部和外部公众发布，其中外部公众包括普通大众、学术界人士和客户群。我们要讨论的第一个表现形式是执行摘要，它的目标是与社团外部公众进行交流。

执行摘要

执行摘要是以简洁形式对长篇研究报告或文件中的事实和要点进行的高度概括。摘要可以让读者在不需要阅读长篇累赘的研究报告的情况下，了解其中包含的最重要信息。研究报告通常会有一页摘要，其中包括突出研究的关键词（关键词方便人们在网上搜索信息）。执行摘要被认为是研究报告的高度概括，但是摘要与研究报告的区别在于，摘要提供了研究报告中的重点总结，同时传达了开展研究的信度和方法。一般来说，执行摘要会重点介绍几个关键的发现，以达到吸引读者购买、阅读或传递完整的研究报告的目的。

通常情况下，在内部执行摘要作为报告提交给董事会或相关工作组，在外部则要公布给其他会员或公众。

案例研究：ASPHO 传播沟通研究

ASPHO 传播沟通研究的执行摘要只有一页内容，它是从一份多达 12 页的研究报告中高度概括而来的。由于传播沟通委员会对研究方法已经有所了解，对他们而言，阅读研究成果的梗概就已足够。执行摘要的第一段叙述了研究的主要成果：即 ASPHO 协会的传播沟通和会员互动，随后的内容表述了研究的其他成果。该研究结果影响了社团的传播沟通战略，也为利益相关者深入了解会员的偏好和行为提供了帮助。

摘　要

摘要是长篇研究报告撰写完毕之后需要准备的一个文件，该摘要通常比执行摘要更简短、更简略。摘要是最终报告的一部分，例如一份研究报告的摘要，它包括了研究的领域、研究报告的本质，以供读者来决定研究报告中的话题是否值得关注。摘要经常用于经由专家评审的出版物（如文章或论文）。一般来说，摘要只有一段，其目的在于从长篇研究报告中总结出重点内容，再由读者来判断这个主题能否激发他们进一步了解的兴趣。

营运比率 / 基准测试报告

基准测试报告（如薪资调查、营运比率报告）经常用于相互比较，由易于阅读的表格和图表组成。它的主要目的是方便读者将他们的数据和其他社团或个人的数据进行比较，并传达行业标准或者该行业的最佳实践。

这些报告通常可以被当作社团的收入来源，社团可以将其作为会员福利（以行业 / 专业数据的形式），也可以将其出售给非会员。在确定这种产品价格时，可以先对所在区域的同类竞争产品进行市场调查。类似的社团或营利性企业在同类产品上是如何收费的？你的产品价值几何？生命周期（保质期）是多长？完成报告的全部费用是多少？该产品是否能转化为电子工具（允许消费者插入数据并进行比较，以此为基础得出比较报告）？

案例研究：InSight 软件，由芝加哥大区 © 协会论坛开发

InSight 软件是一个战略分析工具，它可以将反映社团经营业绩的关联指标与同行业的指标进行直接比较。社团专业人员完成一份关于社团业绩的年度调查之后，将调查的各项指标编码并录入机密数据库，就可以运行 InSight 软件（通过会员总数、预算规模、经营范围、社团类型、合规要求、年会总参加者等组合）对各项指标进行评估，还可以根据各个关键绩效指标来定制临时报告。InSight 是由芝加哥大区 © 协会论坛开发的，芝加哥大区 © 协会论坛是为 1600 家芝加哥地区的社团提供服务的非营利组织。经由芝加哥大区 © 协会论坛许可，InSight 的数据可以广泛运用于大多数社团，并面向公众公开提供。

期刊论文

期刊论文通常包括经过专家评审的主要研究成果，并统一采用学术文章的格式（即包括引文和参考文献）。就某一特定主题，对原始实验或分析进行论述以提供该领域的最新知识。这种类型的论文包括背景信息、研究人员使用的方法、研究成果的描述和该研究结果对当前知识体系意义的分析。期刊论文的主要受众通常是专业的或行业的会员和学者，其次是普通大众。

期刊论文也通过展现研究成果来获取研究资助，这类文章有特定的目标公众，且通常可以促进行业的进步和合法化（由于它允许知识的共享）。这种文章通常有助于建立标准、提供该领域的最佳实践以及扩大杂志的影响因子。此外，期刊论文也能为专业人士提供继续教育学分。

书籍（电子书）或手册

书籍和手册包含了研究的大量信息或技术细节，提供了某一研究主题的全面知识信息。一本书或手册经常被视为权威资源，它们包括了某一专题的综合知识体系。书籍也表达了作者的观点，它的撰写通常花费作者大量的时间。通常情况下，书籍被用于表明立场、传达技术信息、建立公信力，并作为某一主题或专业的参考工具。书籍也可以采取电子形式，电子书能够提供包括声音、视频和支撑材料链接在内的互动式内容。

书籍的目标读者通常包括会员、顾客和普通大众。像基准测试报告一样，书籍也可以为社团带来收入。同样书籍也可以帮助针对某一具体主题建立一些权威团体，以提高社团在行业内外的声誉。

> **案例研究：美国社团管理者协会出版的《突破传统——社团的五项根本性变革》**
>
> 《突破传统——社团的五项根本性变革》虽然不是基于正式的研究项目，但却是作者40多年来与1000多个社团共事的经验。这些社团涉及的领域极为广泛，从制造业到医药领域、从农业到银行业、从建筑业到牙科领域，作者均有涉猎。对成功案例的分析是推荐五大根本改革以提高社团治理、管理与战略的基础。作者以平铺直叙的方式，对大多数社团都能广泛运用的成果与案例研究撰写了160多页。基于所有的社团都是利益相关者，为方便对公众出售，美国社团管理者协会公开出版了该书。

海报

在年会上以大幅海报展示的研究成果是以视觉形式传递研究信息，以便读者能快速阅读。海报通常包含标题、研究问题简介、方法概述、主要成果和参考书目。

初步或最终的研究结果都适合运用海报形式进行展示，通过展示可以拓展该领域的知识体系并激发他人的研究兴趣，同时也有助于提高该研究领域专业知识的认可度。

公共关系

公共关系的材料提供了研究的有关信息。公共关系活动把研究的部分内容传递给媒体，通过媒体对研究的报道激发更大范围的研究兴趣。研究能够有效地提高组织的形象，并为其在专业和更广泛的团体中创造信誉。公共关系常常能把潜在的盟友联系起来，为共同开展资金筹措工作和未来合作奠定基础。

当研究中出现一些值得注意的因素需要推广时，公关活动就能帮助研究人员向狭义和广义上的公众介绍。高科技研究成果可能通过发送新闻稿给特定的博客、期刊、在线社交群媒体等进行宣传。可能对公众产生重大影响的研究成果的其他内容可以通过报纸、"朋友圈"或社会团体中被传播。像Facebook和Twitter等类型的社交媒体，支持人们"点赞""分享"或"转发"研究的有关信息。在网络社交媒体推送公共关系活动时，应该选择尊重和信任研究的网络社交媒体。

案例研究：APS 的新闻发布

美国疼痛学会（APS）是一个聚集了科学家、临床医师等专业人士的多学科综合学会，它聚焦疼痛研究，并致力于改进国家政策和临床实践，来减少与疼痛相关的苦楚。该社团通过新闻发布努力向会员和公众传播有关疼痛领域的最新研究发现。这些新闻稿包括了该领域最新消息的快讯、药物和止痛药研究以及政策更新。通常，这些更新是对最近发表的期刊文章或 APS 活动宣传的简单概括。APS 是疼痛管理领域各种利益的代表，他们会发布符合不同公众需要的新闻稿，这些公众又会将所公布的调查结果传播到更广的范围。一般新闻稿中涉及的研究与数据并不一定要源于社会，但是，APS 的最大贡献在于使其会员及其他相关方了解到该领域的最新消息。他们的新闻稿不但能让读者快速了解相关问题，同时也能引导读者找到获得更多资讯的资源。

网络研讨会

网络研讨会是由相关组织主办的在线活动，并通过互联网向选定人群进行广播。有时被称为"网络广播""在线活动""在线研讨会"或 YouTube 视频，使研究广泛地传播给不同的观众。在线网络研讨会是互动的，它允许主持人和其他演讲者同观众进行互动。软件允许观众通过即时通信工具或电子邮件进行实时提问。录制的网络研讨会方便观众随时了解相关信息。

在网络研讨会上提出的研究可以为专业团体、教育和组织认可提供继续教育机会。对于未能参加现场会议或未接收到期刊或其他会员福利的人，网络研讨会为他们提供了一个参与话题的机会。社团或群体可以向活动参加者收取"门票"以增加收入。网络研讨会也可能会为研究成果的发布提供一个机会，进一步引发其在目标社区的公共关系宣传。

电子工具 / 应用程序

研究数据可以转化成功能信息并在计算机应用程序或"App"中发布。近年来，App 是较小范围的个人电脑应用程序，是专用于智能手机和平板电脑等移动设备的描述应用程序。我们可以以研究成果为基础设置一个互动的工具，允许用户（在任何平台，移动或 PC 中）输入条件就能获得实用信息。

电子工具源于社团的专业研究，它主要服务于会员或专业人士。但是，考虑到该工具的功能，它可能会被当作产品在该行业的市场出售或成为研究的次要目标。

如果工作中可以使用电子媒体，那么 App 就能直接为其提供便利。例如，在医疗机构中，智能手机被广泛运用于临床评估和护理。App 可以实现实时的信息更新，只需要轻轻一按，那些安装了该工具软件的智能手机就会实现接收内容的即时更新。

白皮书或声明

当一个社团想要公开某个特定主题相关的内容，那么白皮书和声明是共享研究以引起关注的恰当形式。白皮书和声明能反映社团在某个问题上的观点并解释为什么其他人也应该同意该观点。我们根据内容对白皮书和声明进行了区分。

白皮书通常是为了论证前瞻性思维的，它详细、权威，资料完备且有脚注。

声明主要是表明特定的观点。虽然同样是基于扎实的研究，但声明表明的只是社团的立场观点，而并非公正的呈现调查结果。

案例研究：NAHQ 的呼吁

2012 年 10 月，全国医疗保健协会（NAHQ）为了"维护医疗质量和安全体系的完整性"而发布了"采取行动呼吁"。全国医疗保健协会与多个国家医疗保健机构合作开展的"采取行动呼吁"，保障了患者护理的安全和医疗质量，维护了报告和评估有关内容的完整性，提高了领导者和政策制定者对这一问题的认识，全国医疗保健协会通过强调该问题且能提供专业性指导加强了在其会员和委托人中的领导地位。全国医疗保健协会准备评估在医疗保健质量行业中是否存在诚信方面的全国性问题，它也把组织内部和外部环境纳入了评估。由于医疗保险和医疗补助服务中心明确规定了质量措施对付款的重大影响，因此，全国医疗保健协会关于这个评估的大量文献综述就变成了白皮书。白皮书的适时发布有效地凸显了全国医疗保健协会准备评估在该领域的领导作用。白皮书可在全国医疗保健协会的网站上找到，并附有网络直播视频。除了 12 家医学期刊对白皮书进行了新闻报道，AMA 新闻、美国健康照护改善学会及各类互联网新闻也报道了该事件。

数据传播的注意事项

政治敏感信息

政治敏感信息包括在研究领域内有争议的问题和在公共机构或政治机构里争议的议题。在传播存在潜在政治敏感信息的消息时，需要考虑一些因素。例如这些信息是否涉密？如果这些信息泄露，你的目标人群会受到什么影响？把报告标注为"机密"是否就已经为其提供了足够的安全和保障？如果公开消息会产生显著的负面影响，请在公开之前咨询律师，因为这些信息可以作为"律师客户特权信息"发布并因此具有更高的安全性。若是受委托所做的研究，建议研究者签署保密工作协议。另外，确保社团对研究的版权也十分重要。

另一种选择是将信息作为初步消息公开发布，以便必要时可以由出版机构更新信息，或者由社团会员和普通公众进行评论。那么为了后期发布可以封锁报告内容吗？这取决于信息接收者的可信度，当信息发布时将其内容封锁起来有利于局面的控制。

是否有责任与社团会员或专业人士分享研究成果？这要视具体情况而定。因为与会员分享社团拥有的研究成果可能会造成道德困境。如果研究是用于推动社团发展，将其限制在小范围内分享是合适的。如果是专业领域的研究，董事会应该考虑会员是否会因无法获得调查成果而受到伤害，如果会，还要考虑其损失是否显著。此外，董事会成员是否会因能接触到调查成果而获得竞争优势？如有疑虑，敬请咨询您的律师。

复杂问题

共享有关复杂问题的信息需要考虑一些其他因素。观众的知识或教育水平是否能理解接下来分享的信息？如果不能，可以考虑将信息分成小块（例如分成单元或者分册）传递给读者，以免读者难以接受。通常，在研究阶段所收集的数据比被报道的更全面。有限理性的概念意味着读者对信息的理解能力是有限的。如果您的目标受众是学者，他们能理解的信息量和范围都很广，但是，如果您的目标人群是 CEO、会员或普通大众，他们对细节的兴趣可能有限。

在传播复杂信息时，最好建一个术语表，以便每位读者对相关术语都有基本了解。如果您想扩大目标受众，避免使用术语或行话是非常重要的。对于复杂的研究，参考文献的共享可以让读者了解到支持你的研究的重要资料和文献。通常，不管是表、图还是其他一些图形，它们更具有可视性，也能更好地展示。你应该考虑使用适当的图形元素来帮助传达复杂的概念（注意：如果这些图表是由作者原创的，不论你以何种形式进行传播，都需要得到原作者签署的版权同意书。）

负面结果

在开展研究项目时，你会冒着研究成果可能与社团运作或其思维方式完全不同的风险挑战。有些人也会认识到虽然这些结果是负面的，但是获取这些信息是社团正常运行的关键。社团也可以把获取了这些信息当作是一次机会，乘机做出改变以解决这些问题。

根据实际结果和预期结果之间的差距，社团在最终发布成果之前有几个问题要考虑。您可能需要聘请第三方顾问进行方法验证、对样本分层，并在此基础上提出假设；或者您可能想聘用一名定量研究人员对数据进行严格的审查。您可能需要一些志愿者或社团自己的专家用新的视角仔细检查研究结果，以确保研究过程中没有偏差。您可能还需要和一些营销专家探讨以确定分享成果的合适视角。

要在最终报告中认识到研究的局限性，点明可能存在的缺点以及它们如何影响结果的实用性。一般来说，不管这些研究成果是否出人意料，报告最好指出其局限性。最后，虽然研究成果可能已经对原来的研究问题做出了回答，但在结论中最好是推荐就此可以开展进一步的研究。

本章小结

您现在应该能够很好地了解，什么样的传播方式能更好地将您的研究成果展现给特定的目标受众。这正是第五章所讨论的构建良好的研究目标的结果。

总之，数据发布为研究创造了价值，它提供了可衡量的投资回报，它允许调查结果传播，允许目标受众对你的工作做出回应。有了这些经过调查获得的信息，您的社团现在有能力做出数据驱动决策，做出能被外界所认可的关于创收产品或项目、获得认识或提高专业水平的决策。"成功的社团会将研究纳入他们的战略和运营规划之中"[2]，也会将数据驱动决策整合纳入其组织结构之内。

自我省察的五个问题

1. 如果你们社团的董事会要求用研究成果来确定引入新产品的潜在价值，您将使用哪种方式？为什么？
2. 当前，相关机构正在讨论一部将影响你们社团会员如何开展业务的重要立法。那么，传递您的研究成果和立场的最恰当的方式是怎样的？
3. 您将使用什么方式宣传您的研究成果，以尽可能让最多的受众接触到，并因此主动寻求您的所有成果？
4. 执行摘要的格式和结构与研究报告的有什么不同？
5. 期刊的格式和结构与白皮书的有什么不同？

参考文献

[1] Ward, R. "Five ways to beat board presentation blues." Inc.com, January 1, 2000. Retrieved April 22, 2013, from http://www.inc.com/articles/2000/01/16793.html.

[2] ASAE: The Center for Association Leadership. *7 Measures of Success: What Remarkable Associations Do That Others Don't*, 2006, 2012. Washington, DC.

本章作者

马克·恩格尔，管理学博士，美国社团管理者协会研究员，注册社团管理师，伊利诺伊州芝加哥市协会管理中心（AMC）主任，近40年来一直是协会领域值得信任的合作伙伴。恩格尔在凯斯西储大学学习非营利组织治理，并于2011年获得管理学博士学位。马克曾任美国社团管理者协会董事和主管、美国社团管理者协会研究委员会主席，现任美国社团管理者协会商业服务公司的董事。曾在多个董事会发展会议中，就良好治理、政策和实践、董事会和决策、标杆管理和战略决策等议题做出突出贡献。马克最近获得了芝加哥地区协会论坛颁发的塞缪尔·夏皮罗卓越CEO奖，入选芝加哥地区创业名人堂，并且是美国社团管理者协会和曼德尔非营利领导者中心（凯斯西储大学）的研究员。

贝丝·杰麦克，伊利诺伊州芝加哥市协会管理中心（AMC）高级项目经理。贝丝以其独特的商业视角，在调查研究和借鉴其他商业智库资源的基础上，为协会产品和项目开发整合、解读和推荐了可靠的解决方案。此前，贝丝担任美国神经科学护理学会（AANN）和美国国家卫生保健质量协会（NAHQ）的项目和产品分析师一职。

附 录

数据传播载体及其应用

可交付成果	定义	受众	指南
研究报告	一份调查报告包含商业机会与问题、研究方法、研究成果等关键信息的记录。	内部： ● 董事会 ● 委员会 ● 其他利益相关者 外部： ● 专业人士团体 ● 普通大众	在一个社团内部，研究报告向利益相关者展示了投资的结果和回报，而对组织外部而言，研究报告也会被用来提升社团知名度，或成为专家的协作提供机会。
研究成果展示	研究成果展示是一种研究成果交流的方法，通过它我们能面对面地将研究成果展示给别人。	● 年会参加者 ● 研讨会出席者	观众为了受教育（例如获得教育学分）或增加知识而参加。
董事会报告	董事会报告应以简洁的方式传达信息，此时不需要深入介绍研究结果和研究方法。	● 董事会	一份董事会报告被用作满足董事会需要的、近况更新的临时报告或者是最终报告。
工作组或委员会报告	工作的报告表明，此时已经就问题进行了充分的讨论对各种备选方案进行了审议和讨论。	● 董事会 ● 仅限会员网站	该报告用于对资源分配、现状报告或推行政策时做出决策。
员工报告	员工报告涵盖了工作人员为了推进组织的使命而进行的研究。	● 员工 ● 社团领导	这些报告为项目、产品、结盟及接下来保持社团聚焦战略提供了基于数据的建议。

可交付成果	定义	受众	指南
执行摘要	执行摘要以简洁的格式对比较大的研究报告或文件有关的最重要的事实或要点进行高度概括。	● 董事会 ● 会员 ● 专业团队 ● 普通大众	该报告有利于吸引读者购买、阅读或传阅完整的研究报告。
摘要	在大型研究文件完成之后，需要为文件准备摘要，此摘要通常比执行摘要短，并且没有它那么详细。	● 专家评审过的出版物 ● 专家评审过的文章或论文	摘要是在一长篇研究或主题里提取精华，以便于读者判断他们是否对此感兴趣。
营运比率/标杆管理报告（基准报告）	营运比率报告能让读者将其数据与其他个人或社团报告进行比较，并传达行业指标或最佳实践。	● 产业 ● 成员	此类报告用于比较调查目的。
期刊论文、科技论文、经同行审议过的文章、学术研究性文章、手册	期刊论文展示了初级的研究成果，通常都是经过同行评议的，其格式也统一为学术性的。	● 专业团队 ● 学者 ● 普通大众	期刊论文通过展现调查结果来获取研究资助，这类文章通常可以促进行业的进步和合法化，因为它允许知识的分享。
书（电子书）或手册	书被视为权威资源，它们代表某个专题的综合知识。	● 会员 ● 专业团队 ● 普通大众	书籍通常用于表明立场，传播技术信息，建立公信力，并作为参考工具为某主题或参考专业服务。
海报	在年会上展示的大幅海报，是传达研究成果可视化形式，方便读者快速浏览。	● 年会与会者	海报用于展示初步或最终研究结果，以此增加知识供他人了解，并推动大家为这项研究做出贡献。它也可以用来推动项目已成为这方面的专家。

续表

可交付成果	定义	受众	指南
公共关系：博客、社交媒体、新闻稿	公共关系包括通过媒体对研究的报道能刺激开展进一步深入研究的兴趣。	● 专业团队 ● 普通大众	研究中出现一些值得注意的因素需要运用公共关系时则需要运用公共关系。
网络研讨会、网络直播、在线研讨会、YouTube 视频	网络研讨会是由社团主办的在线活动，并通过互联网向选定的个人群体进行广播。	● 会员 ● 顾客 ● 普通大众 ● 具体的目标受众	这些工具可以在地理区域上扩大传播范围。
电子工具/应用软件	互动性工具允许用户（在任何平台、移动或 PC 中）输入条件就能获得实用信息。	● 会员 ● 专业团队 ● 具体的目标受众	如果工作中可以使用电子媒体，那么应用软件就能直接为其提供便利。
白皮书	白皮书应是详细、权威的，资料完备且有据可查的。	● 普通大众	当一个社团想要公开某个特定主题相关的内容，那么白皮书和声明是共享研究以引起关注的恰当形式。
声明	声明需要表明的是社团的观点立场而不是呈现调查。		

第九章　负责任的研究行为

章节概要

　　研究有助于提升社团的战略知识储备，并有助于在此基础上形成明智的决策。利用数据来支持、指导并做出关键的决策和战略性行动，是所有为社团管理界提供服务、资源和产品的人（包括社团主管、高中层职员和崭露头角的专业人士）的责任。阅读这本书的前提是——人人都有责任理解数据如何开发和推进知识库，无论是作为研究的消费者还是研究的直接贡献者。

　　了解研究计划的道德伦理问题也是专业人士的责任，在道德框架内进行研究对于维护科学探究和研究的各个方面的诚信和信誉至关重要。诚信研究的提升与社团管理的计划、收集和数据传播有关，就像数据在其他专业领域那样，诚信研究能推动数据驱动的调查、知识进步和决策制定。

　　本章将概述研究的关键性因素：无论从事任何研究，我们都应该采取负责任的研究行为。当我们头脑中有了对负责任的研究——这一道德行为的认识之后，我们强调的"只有健全和完善了研究伦理这一研究工作基础，才能接下来开展进一步的计划、实施、分析和宣传工作"就解释得通了。同时，本章还将简单介绍一下研究诚信的既定原则以及这些原则是如何运用于负责任的研究行为之中的，尤其是如何运用于社团管理领域的负责任的研究行为之中的。

学习目标

在本章末尾，读者应该能够识别、描述或定义：

- 研究对社团管理界的价值；
- 促进道德和负责任研究行为的最佳做法；
- 改善研究伦理环境的指导方针；
- 科研信誉受损给科研所带来的后果；
- 在社团进行研究时，创建和维护道德环境的一些特殊挑战。

导　论

在社团管理中，研究有助于拓展我们做出关键决策的知识范围。开展研究是一项丰富的、激发智力的且具挑战性的专业性活动；然而，它并不是每个社团的主管和员工的角色和责任。受益于系统且可靠的数据应用，不是每个人都需要在开发系列研究问题和假设、设计研究方案、运用恰当的统计分析或数据解释等方面成为一个专家。当一个人对调查研究与科学探究的基本原则有了初步了解，并具备了对数据有敏锐的洞察力，其致力于推动某一领域知识的发展与进步就能得到最好的证实和实现。事实上，具备这种基本的理解与认识水平是每个社团管理人员的责任。

作为一名研究成果的消费者，或者是研究成果的积极贡献者，都有必要认识到这一点，即了解包括研究计划面临的道德问题是所有社团专业人士不可或缺的责任。在道德框架内开展的调查研究和应用研究成果对于促进研究各方面的持续诚信是非常重要的。不论是在社团管理领域还是其他专业领域，在研究的全过程都应该保持道德研究和诚信研究。

因此，本书的最后一部分将：①回顾社团管理研究的职责与价值；②介绍促进健全道德实践的因素。

在社团管理领域建立研究道德框架

无论你是积极开展研究、指导研究活动、参与组建研究团队，还是知识渊博的消费者参与研究，任何研究的基础都必须在促进科学诚信的道德环境中进行。本章后面的内容，将会阐述有关道德影响研究的讨论。想要成为知识渊博的研究消费者，不仅要懂得设计、分析和解释研究，正如我们在本书前面的章节中讨论过的，还要理解、弄清研究是否以道德的方式进行的。事实上，研究的道德行为对其信誉至关重要[1]。

负责任的研究行为

尽管大多数研究人员都证明了他们重视研究的诚信和客观性做法，但是任何研究是不是负责任，仅仅靠研究人员的自律还是不够的。为了管理和指导研究人员从事负责任的科研行为，许多关于专业实践的规章制度被制定和实施。

负责任的研究行为的观点包括如何进行研究、应遵循哪些原则和最佳的实践做法以及存在什么样的期望等一系列问题[2]。也就是说，符合社会期望的行为指导原则是什么呢？

美国科学诚信研究办公室确定了 9 类负责任的研究行为，尽管这些研究行为最常运用于行为学与生物医学研究活动中，但许多研究做法仍与社团管理研究相关：①数据收集、管理、分享和所有；②利益与责任的冲突；③以人为研究对象；④动物福利；⑤学术不端行为；⑥发表实践和作者责任；⑦导师和培训生的责任；⑧同行评议；⑨科研合作（表 9-1）。了解影响研究项目的制定、实施及宣传等方面的问题，能更好地促进与健全的道德框架相一致的研究实践的发展。

表 9-1　负责任的研究行为的范围

以人为研究对象	指进行以人为研究对象的相关的问题和规定。
动物福利	指进行动物研究相关的问题和规定。
利益与责任的冲突	指的是当研究人员利益存在或可能有冲突时应遵循的处理过程，以及研究人员与其机构之间可能遇到的冲突类型。
数据收集、管理、分享和所有	是指研究人员在获取、维护、保护和分享研究数据时，应采取的做法。
导师和培训生的责任	指导师（调查员）和培训生（学生）之间的角色、负责任的合作及潜在的冲突。
科研合作	指研究人员在与相同学科或其他学科、研究机构或其他国家的研究人员合作时而产生的问题与责任。
发表实践和作者责任	指科学出版物的目的和重要性，以及研究人员宣传研究成果的职责。
同行评议	指研究人员为评估研究成果、出版物和研究应用的贡献而评审其他研究人员在工作中所担负的责任。
学术不端行为	指学术不端行为的定义，管理不当的政策和准则，报告和调查不当行为的程序，以及对揭发人和被指控研究行为不当的人的保护。

道德和监管指南

所有从事研究的工作人员都应该接受道德研究的基本原则的指导。我们可以借鉴许多指导原则来协助更广泛的科学界建立和维护其道德环境，其中三项最基本的指导原则是："纽伦堡原则"（确立于 1947 年，一套被认为标志着开启人体受试者保护"现代"新纪元的十项管理伦理原则[3]）；赫尔辛基的宣言（1964 年首次发布，试图建立一套普遍的指导方针来协助调查人员开展伦理道德研究[4]）；贝尔蒙特报告（具体包括为合理对待人体试验而制定的三个普遍准则：对个人的尊重、善意和公平[5]）（表 9-2）。

表 9-2 以人为研究对象的基本道德指导原则

对个人的尊重	指尊重自主权；参与者通过维护自己的权利而做出不受他人影响或胁迫的决定；决定参与或退出研究。
善意	指最大限度地提高福利并尽可能减少潜在或可预见的损害和风险的道德义务。
公平	指一种道德义务，即按照适当的道德方式对待每个人，给予每个人应有的待遇；公平、公正地分配利益和风险，对特定的群体或个人，如弱势群体无偏见。

来自职业协会的职业道德准则案例

除了联邦指导方针和法规外，美国语言听力协会等专业协会也制定了指导方针，来处理研究中所出现的道德行为问题，以协助调查人员、研究人员和外部咨询人员在研究中保持高标准的道德水平。美国语言听力协会的道德准则经过反复修订，其 2003 年和 2010 年的修订版本有显著的变化。这些变化着重强调了贝尔蒙特报告中的基本道德原则：对个人的尊重，善意，公平[6]。具体来说，美国语言听力协会对其道德规范的修改，致使其研究人员更加重视包括学术研究、数据管理和存储、研究参与者登记以及签署知情同意书等一系列活动。[7, 8]美国语言听力协会通过政策性文件（例如文献：《负责任的研究行为指南：道德与出版过程》，2009 年）[9]等资源为研究人员提供指导；美国语言听力协会还通过道德声明问题，对研究中可能涉及的具体道德行为问题提供了进一步的分析和指导（例如专业利益冲突；[10]研究与学术活动中的道德规范；[11]如何在以人为研究对象的研究中保护研究对象等内容[12]）。

当科研信誉受损时

所有研究都应该以负责任的、道德的方式进行。所收集的数据必须是有效的、真实的、高效的和准确的，否则就会影响科研信誉。数据的完整性和客观性是科研基础，好的研究和调查理所当然也能为将来可能的研究成果奠定基础。数据好比"支持所有科学的骨架"，[13]数据的不真实会对研究流程（从数据的收集到分析到发布）产生灾难性的后果。事实上，研究项目中真实性的缺乏与否可能对个人参与研究的意愿、数据驱动决策的形成过程具有决定性作用；也是确保产品、服务和资源信息传递的真实性的重要因素；同时，还是通过数据收集提高知识的真实性、准确性和潜在应用能力的影响因素。

当数据的有效性受到质疑或有缺陷时，研究的信誉也将受到损害，而且对于实施道德调查研究至关重要的原则也会受到破坏。此外，如果研究人员试图复制研究结果以促进专业领域知识的发展（如，社团管理领域），也会因为数据的有效性问题变得格外耗时费力。在数据收集、分析、解释和宣传过程中，数据真实性的缺乏不仅会对经济、社会、政治和个人造成严重的诚信后果，而且还会损害公众对研究项目的信任。[13]

有多种理由可以解释为什么调查人员会选择"合理"的行为而最终导致科学信誉受损。事实上，管理研究过程的个人和社团管理团体之间的相互信任环境可以通过以下行为来建立和维护，即：防止可疑的、腐败的或误导的实践做法（包括剽窃、数据造假、数据伪造等一系列行为）；弄清利益冲突之所在；尊重和承认其他调查人员的工作；确保研究的合理性；讨论与社会相关的研究议题；避免传播误导性的证据。[14, 15]

总之，要想提高和推广以新发现为基础的知识，就必须在研究界、社团管理界和更广泛的社会之间建立信任关系。在科学界有很多守则、政策、准则和法规等成文的指导准则，可以为在科研实践中如何开展负责任的研究提供指导。尽管这些指导准则的制定并没有特别考虑我们社团领域，但我们可以从适用于我们社团领域的一些准则中获得很多相关信息。事实上，专业的社团也可能在提高我们理解和认识能力的过程中发挥作用——为研究活动提供道德能支持和维持我们整个研究项目活动的信誉。也许这些准则可能不会改善整个研究项目会面临的道德困境；然而，这些准则确实可以使那些从事研究工作的人（社团专业人士、赞助商、调查人员、同行评审员等）掌握相关的知识，从而可以批判性地对研究方法和结果进行道德评估。研究项目的所有成员不仅都要确保所有研究参与者及其提供数据的安全，而且还要在整个研究过程中（包括其设计和执行）追求卓越。

完善科研道德环境

开展社团管理领域的研究时，为研究价值、科学有效性、尊重潜在的研究参与人员、知情同意、保密、独立审查和公平性等建立一个伦理道德框架和正当理由是至关重要的。当然，首要考虑的主要因素应该是研究项目的价值，研究必须能增进专业领域的发展，且预期研究成果具有足够的价值，只有如此才能证明因项目的实施给社团专业人士带来的不便是正当的。[16, 17]除了研究的价值性以外，研究成果必须具有科学有效性，研究应该是科学合理的，且具有合理的研究方向和有效的研究方案。[18]科学而无效的研究和缺乏严谨研究方法的科研都是不道德的，因为它使研究参与者面临风险而得不到任何可能的收益，甚至还有可能导致不准确的研究成果。[19]

研究也要遵守与尊重人和正义原则有关的规则。也就是说，在建立一个合乎伦理道德的框架时，研究必须以尊重、保护并对研究参与者公平的方式进行。

知情同意权可以确保个人所同意参与的研究项目符合个人利益。必须将研究项目相关的目的、要执行的程序以及研究中的潜在风险、利益替代方法准确告知潜在的参与者。此外，也要确保他们能够彻底了解研究所提供的信息，并有机会自愿选择是否继续参与研究活动。

社团开展的某些研究可能会受到独立的审查，审查组由一些与研究无关且与社团无直接经济或其他利益相关的个体组成。进一步讲，审查组成员的选择原则应该由研究目标决定，而不是任意选择的群体或成员。[20]其招聘策略及相关标准，都应该以研究目标为基础来制定。

在开展研究时努力贯彻和实施上述准则，强调研究人员、研究的关键客户以及研究的消费者在参与研究时应该具备的知识和技能，可以确保社团管理领域的研究是以道德的方式开展的。

本书摘要

研究指南的内容涵盖了整个研究过程。在研究之初，首先会指出一些做研究的原因，如做专业知识储备的理由或目的。在行业和专业的社团工作之间产生的问题可以通过系统的调查研究得到最好的答案。开展研究的另一个好处是，它是政策制定和实践发展的重要的客观基础。作为一种工具，研究也是有价值的。它可以收集关于社团治理、领导体系、会员关系、会议和展览、认证、志愿服务和其他社团职能执行过程中遇到的问题等方面的知识，从而检验相关理论和验证实践方法。最后，研究的好处可能超出社团目前的管理范围。通常，得益于社团的宣传工作，联邦政府、州政府、地方监管机构和立法者的政策、方针与服务决策过程也往往受到研究成果的影响。事实上，研究对于维系一个专业领域或学科的活力和信誉是非常重要的。

我们的研究指南接下来用活生生的案例——"运用数据"的例子来层层展开分析。也就是说，用"运用数据"的现实场景来证明行业和专业社团是如何开展研究、解释研究、使用和应用研究成果的。不管研究能否连续进行，研究的价值、目的以及研究成果如何能够而且应该被有效地利用，这些都是必须重点理解的关键内容。这方面的内容已在本书的第二章讨论过了。作者通过阐述这些引人入胜的案例和故事，向我们展示了研究如何成功地帮助了他们的社团。所有这些都从社团的各方面反映出来，所以我们可以确切地看到新的研究举措（或现有数据的使用）以及对研究成果的合理解释，都可以影响决策制定、提高对会员需求的理解、增加提高收入的机会、改进现有流程和带来政策发展。

本指南的后两章概述了社团研究可能需要的更为典型的研究类型：市场研究（如会员满意度和需求评估）、项目评估（如形成性评估和总结性评估）和行业研究（如薪酬研究和基准研究）。读者可以浏览目录，了解满足其需求的数据使用方法，并能学习何时使用合适的研究类型。通过本书读者也知道谁是实现社团研究目标最合适的人选（如内部人员、外部顾问）以及他们应该具备所期望的技能和资格。

本书从第五章到第八章着重介绍了社团管理专业人员应该如何开展研究的一些基本研究原则。作者讨论了研究项目和组织研究议程的发展到主题或想法如何转化为可研究的问题，以及这些问题类型是如何提出来的。随后作者阐述研究设计（如定性和定量）与数据收集方法之间的差异。由于调查研究是专业协会常用的研究方法，所以作者对这种方法进行了重点分析。数据收集之后的内容就是数据分析和数据解释，即描述了典型的数据统计方法并告诉我们这些数据结论是怎样得出来的。本书的最后几个主题是关于数据如何在社团管理领域应用及分享的。本书最后重点讨论了各种类型的报告以及它们通常是怎样形成的。

理解价值研究带给社团管理发展的重要意义是社团管理专业人员知识内容的关键因素。但是，我们强调并不需要每一个人都具备进行这种研究的技能和专业知识；更为重要的是要熟悉引导良好研究的资源，尤为关键的是我们都要做敏锐的研究消费者。学会运用这套知识工具之后，我们就可以对研究结果、影响社团管理的最佳实践做出明智的判断，且有助于我们建立一个更完善的知识库，从而创建更有效的协会资源、服务和项目。确实，研究素养对于一个专业团队的生存和可持续发展来说非常重要。研究是提升和改善社团管理的最佳实践做法，也为社团决策提供借鉴。[21]

本章小结

许多专业的实力和信誉在很大程度上依赖于其研究议题和研究成果的质

量和信誉。在既定的道德框架内进行研究，有助于增加人们对研究事业的尊重和信任。虽然负责任的研究活动的现有最佳实践可能因不同学科而异，但有明确的指导方针和政策可以帮助这些不同学科类型的研究活动形成规范、得体的行为。对于损害这些规范、得体的实践和价值观的行为，特别是当这种做法会对整个研究事业带来灾难性后果的时候，不管其借口和理由如何，我们都必须做到零容忍，在综合考虑建立和维护一个强有力的科研道德环境时，其关键因素是用适当的政策约束调查人员，并制定尽量减少道德顾虑（如采用利益冲突声明、维护数据安全程序等）的指南。在最大限度地利用研究成果的同时，调查人员还必须对促进研究道德框架形成的因素保持一定的敏感。为了达到研究价值的最大化，无论是研究人员，还是积极的研究消费者，我们都不能忽视渗透于研究活动各个方面的伦理道德原则。

自我省察的五个问题：

1. 研究的一些基本道德原则是什么？
2. 社团使用哪些规则来确保研究的信誉？
3. 怎样的行为才能引发对研究的信任？
4. 不良研究会带来什么样的后果？
5. 为什么对于一个专业，如社团管理来说，有一个建立在合理研究基础之上的知识体系很重要？

本章作者

莎伦·莫斯博士，临床督查研究员，注册社团管理师，现任华盛顿特区社团管理者协会的研究总监。目前，她负责监督社团管理者协会基金研究议程的发展和实施，指导能促进学术知识在社团管理中的应用和发展的社团研究计划设计；同时负责基于研究型的创收出版物。她曾担任过学术领域、政府部门或生物医学领域以及社团的研究专家，已经从事社团管理工作 15 年以上。莫斯博士曾参与过科研伦理领域的研究和政策制定，并担任过专业协会研究的学术诚信官员。

参考文献

[1] Levine, R. J. "The Nature, Scope, and Justification for Clinical Research." In: Emanuel E. J., Grady C., Crouch R. A., Lie R. K., Miller F. G., & Wendler D., (Eds.), *The Oxford Textbook of Clinical Research Ethics* (pp. 211–221). New York: Oxford University Press, 2008.

[2] Steneck, N. H. *ORI: Introduction to the Responsible Conduct of Research*. Rockwille, MD: U.S. Department of Health and Human Services. 2007. [Online monograph]. Available at http://ori.hhs.gov/education/products/ RCRintro/.

[3] "The Nuremberg Code." In: *Trials of War Criminals before the Nuremberg Military Tribunals under Control Council Law*, No. 10, Vol. 2, pp. 181–182. Washington, D.C.: U. S. Government Printing Office, 1949. Available at http://ohsr. od.nih.gov/guidelines/Nuremberg.html.

[4] World Medical Association. "Code of Ethics of the World Medical Association: Declaration of Helsinki: Ethical Principles for Medical Research Involving Human Subjects." Helsinki, Finland: WMA, June 1964. Available at http://ohsr.od.nih.gov/guidelines/helsinki.html.

[5] The National Commission for the Protection of Human Subject of Biomedical and Behavioral Research. "The Belmont Report: Ethical Principles and Guidelines for the Protection of Human Subject of Research." Washington, DC: DHEW Publication. 1978. Available at http://ohsr.od.nih. gov/guidelines/belmont.html.

[6] American Speech-Language-Hearing Association. "Code of Ethics" [Ethics], 2010. Available at http://www.asha.org/docs/html/ET2010-00309.html.

[7] Mustain, W. "ASHA's Code of Ethics Modified to Address Research Ethics." *ASHA Leader*, April 2003. Available at http://www.asha.org/practice/ethics/

code_changes_research.htm.

[8] American Speech-Language-Hearing Association. "Resolution to Revise the ASHA Code of Ethics" [Ethics]. 2009, Available at http://www.asha.org/ Practice/ethics/EthicsCodeRevision/.

[9] American Speech-Language-Hearing Association. "Guidelines for the Responsible Conduct of Research: Ethics and the Publication Process" [Guidelines].2009. Available at http://www.asha.org/docs/html/GL2009– 00308.html.

[10] American Speech-Language-Hearing Association. "Conflicts of Professional Interest" [Issue in Ethics]. 2004. Available at http://www.asha. org/docs/html/ET2004-00169.html.

[11] American Speech-Language-Hearing Association. "Ethics in Research and Scholarly Activity" [Issues in Ethics]. 2008, Available at http://www.asha. org/policy.

[12] American Speech-Language-Hearing Association. "Protection of Human Subjects" [Issues in Ethics]. 2005. Available at http://www.asha.org/docs/ html/ET2005-00176.html.

[13] Valiela, I. *Doing Science: Design, Analysis, and Communication of Scientific Research*, 2nd ed. (pp. 278–289). New York: Oxford University Press, 2009.

[14] Steneck, N. H. *ORI: Introduction to the Responsible Conduct of Research*. Rockville, MD: U.S. Department of Health and Human Services. 2007. [Online monograph]. Available at http://ori.hhs.org/education/products/ RCRintro/.

[15] Ghosh, P. "UK Science Head Backs Ethics Code." BBC News 2007, 11:12.

[16] Freedman, B. "Scientific Value and Validity as Ethical Requirements for Research: A Proposed Explication." *IRB: A Review of human Subjects Research* 1987, 9(6):7–10.

[17] Emanuel, E. J., Wendler, D., & Grady, C. "What Makes Clinical Research Ethical?" *JAMA* 2000. 283(20): 2701–2711.

[18] American Speech-Language-Hearing Association. "Protection of Human Subjects" [Issues in Ethics]. 2005. Available at http://www.asha.org/docs/ html/ET2005-00176.html.

[19] CIOMS. *International Ethical Guidelines for Biomedical Research Involving*

Human Subjects. Geneva, Switzerland: Council for International Organizations of Medical Sciences, November 2002, 23–69. Available at http://www.cioms.ch/index.html.

[20] Emanuel, E. J., Wendler, D., & Grady, C. "What Makes Clinical Research Ethical?" *JAMA* 2000, 283(20): 2701–2711.

[21] Levine, R. J. "The Nature, Scope, and Justification for Clinical Research." In: Emanuel E. J., Grady C., Crouch R. A., Lie R. K., Miller F. G., & Wenlder D., (Eds.), *The Oxford Textbook of Clinical Research Ethics* (pp. 211–221). New York: Oxford University Press, 2008.